和谐校园文化建设读本

中小学班会、队会的主题设计与组织

姚 丽/编著

吉林教育出版社

图书在版编目(CIP)数据

中小学班会、队会的主题设计与组织 / 姚丽编著.
— 长春：吉林教育出版社，2012.6（2022.5重印）
（和谐校园文化建设读本）
ISBN 978－7－5383－9001－8

Ⅰ．①中… Ⅱ．①姚… Ⅲ．①班会－活动课程－课程
设计－中小学②少年先锋队活动－课程设计－中小学
Ⅳ．①G635.5

中国版本图书馆 CIP 数据核字(2012)第 116147 号

中小学班会、队会的主题设计与组织　　　　　　　　　　　　姚　丽　编著

策划编辑　刘　军　　潘宏竹
责任编辑　张　瑜　　　　　　　　　　　　　　装帧设计　王洪义

出版　吉林教育出版社(长春市同志街 1991 号　邮编 130021)
发行　吉林教育出版社
印刷　北京一鑫印务有限责任公司
开本　710 毫米×1000 毫米　1/16　　13 印张　　**字数**　165 千字
版次　2012 年 6 月第 1 版　2022 年 5 月第 3 次印刷
书号　ISBN 978－7－5383－9001－8
定价　39.80 元

编 委 会

主　　编：王世斌

执行主编：王保华

编委会成员：尹英俊　尹曾花　付晓霞

　　　　　　刘　军　刘桂琴　刘　静

　　　　　　张　瑜　庞　博　姜　磊

　　　　　　潘宏竹

　　　　　　（按姓氏笔画排序）

总 序

千秋基业，教育为本；源浚流畅，本固枝荣。

什么是校园文化？所谓"文化"是人类所创造的精神财富的总和，如文学、艺术、教育、科学等。而"校园文化"是人类所创造的一切精神财富在校园中的集中体现。"和谐校园文化建设"，贵在和谐，重在建设。

建设和谐的校园文化，就是要改变僵化死板的教学模式，要引导学生走出教室，走进自然，了解社会，感悟人生，逐步读懂人生、自然、社会这三部天书。

深化教育改革，加快教育发展，构建和谐校园文化，"路漫漫其修远兮"，奋斗正未有穷期。和谐校园文化建设的研究课题重大，意义重要，内涵丰富，是教育工作的一个永恒主题。和谐校园文化建设的实施方向正确，重点突出，是教育思想的根本转变和教育运行机制的全面更新。

我们出版的这套《和谐校园文化建设读本》，全书既有理论上的阐释，又有实践中的总结；既有学科领域的有益探索，又有教学管理方面的经验提炼；既有声情并茂的童年感悟，又有惟妙惟肖的机智幽默；既有古代哲人的至理名言，又有现代大师的谆谆教诲；既有自然科学各个领域的有趣知识，又有社会科学各个方面的启迪与感悟。笔触所及，涵盖了家庭教育、学校教育和社会教育的各个侧面以及教育教学工作的各个环节，全书立意深邃，观念新异，内容翔实，切合实际。

我们深信：广大中小学师生经过不平凡的奋斗历程，必将沐浴着时代的春风，吸吮着改革的甘露，认真地总结过去，正确地审视现在，科学地规划未来，以崭新的姿态向和谐校园文化建设的更高目标迈进。

让和谐校园文化之花灿然怒放！

本书编委会

目 录

第一章 班级的含义与作用

概　论

　　班级是学校的基本单位，是学校为实现一定的教育目的，将年龄相当、文化程度大体相同的学生按一定的人数规模建立起来的教育组织。班级教学是最具代表性的一种教育形式。整个教育功能的发挥主要是在班级活动中实现的。班级授课制就是班级活动的一种体现。这种从个别教学到班级教学的教育组织形式，不仅改善了原本分散的教学形式，而且使学校教育活动发生了质的变化。班集体不只是许多个体的简单组合，而且是作为一种教育影响因素而存在。也就是说，班集体的发展水平及集体的心理气氛不仅制约着课堂教学的情境，直接影响着教学的效果，而且还影响着学生的学习兴趣、动机及行为态度。

　　班级是学校开展教育教学和管理活动的基本单位，也是学生生活及开展活动的社会组织。班级组织不同于其他的组织，它不是由成员自发组成，而是由学校根据一定的目的任务和规章制度组织起来的有目标、有计划地执行教育教学与管理职能的正式群体。

　　班级是班级授课制的组织形式。班级授课制的建立产生了班级，班级的出现产生了对班级管理者的需要。

夸美纽斯

没有班级就没有班主任。班主任这一教育角色在制度上的出现是与班级授课制密切联系在一起的。众所周知,班级授课制经由夸美纽斯的论证而逐渐成为近现代学校教育中占主导地位的教育组织形式。既然教学中的师生双方不再像古代教学中那样一对一地进行,教师面对的不再是个别的或少数的学生。教师的工作环境、工作性质及工作任务也随之发生了变化,这对教师这一角色提出了新的挑战和新的要求。于是,一个以班级为工作对象的新的教育角色应运而生。

班集体由整个班级所组成,以完成学校教育任务为目标,是有一定机构和规章制度组织起来的学生共同体。班集体作为具有有机整体的行为与特征的团体,绝不是班级个体学生的总和,而是班级群体发展的高级形式。在现代学校教育中,班集体有十分重要的作用。一所学校的办学质量、学校风气、学生面貌的好坏,很大程度上取决于各个班集体的运行状态。班集体作为一个以学生亚文化为特征的社会群体,它传导和沉淀着班级制度的社会文化基因;班集体作为一个以教育为中介的共同活动体系,它以课堂教学为中介,整合学校、社会、家庭的教育影响;班集体作为一个以集体主义价值为导向的社会心理共同体,具有在集体建设中培养和发展个体的功能。

班集体的建设

一个良好的班集体对每个学生的健康发展都有着巨大的作用。在实施素质教育的今天,形成一个良好班集体需要每一位班主任的精心教育和培养。那么,班集体究竟是怎样形成的?其发展过程又会出现怎样的形态?怎样才能实现构建班集体的愿望呢?

在中外教育史上,有许多关于班集体的形成和发展的理论与实践经验可以借鉴。现代组织理论认为,社会是由组织构成的,组织是由群体构成的,群体是由个体构成的。个体、群体、组织构成了一个相互依存的社会整体。实践表明,班级组织也是一个由若干个体组合起来的群体，它是一个动态的过程。这个过程是在非偶然的、非机械的组织行为指导下完成的。

建设班集体是为了创设一个优化的社会环境，让每个学生通过班集体建立更高层次的人际关系，通过学生群体去影响每个个体，拓展主流教育的空间，让每个学生的成长需要得到更充分的关注。苏联教育家马卡连柯经过一生的教育实践，总结出"通过集体，在集体中进行教育"这一著名的教育原则，被视为学校、班级建设的指导性理论，对班主任培养班集体具有建设性的指导意义。

马卡连柯

班主任必须清楚地意识到，班级的形成不等于班集体的形成。班级只是一个临时组合的群体，它只是形式上的组合，人与人之间还没有建立严格意义上的关系。只有使班级形成一个良好的班集体，这个班级才是一个能够发挥作用、产生影响的团体。而它的形成，是要依赖班主任的努力的。

集体主义教育：班集体形成的基础

要形成优良的班集体，必须对学生进行集体主义思想教育，培养他们的集体荣誉感，使每个学生都学会自觉地关心集体、热爱集体，把自己的一言一行与集体荣誉联系起来，为集体做贡献。班集体要把集体主义精神贯彻始终，集体主义精神是班集体建设的灵魂。

集体主义是处理社会成员之间以及个人和集体、个人和国家之间关系的根本原则。集体主义思想教育需要灌输，但不能仅靠灌输，更不能靠说教。进行集体主义思想教育的最有效途径是组织集体活动。因此，班主任要密切关注班级的集体活动，这样集体向心力会及早形成。集体主义精神来源于班主任坚持不懈的思想工作。重视思想工作是班主任做好各项工作的基础，是建好班级的法宝。班主任除了要求班级在学校集体活动中树立形象外，还需经常对学生进行"以班为家，荣辱与共"的教育。以此来增强班主任的向心力、凝聚力，真正做到心往一处想，劲往一处使。

科学管理：班集体形成的关键

班集体的形成一靠教育，二靠管理。科学管理既有约束的含义，更有调动的含义，主要侧重于调动学生的积极性。

班主任的管理方式对班集体能否顺利形成起着决定性作用。有人曾在勒温的指导下做过这样一个实验：研究者设计了两种社会心理气氛，让 10 岁儿童分别参加不同气氛的俱乐部。一个俱乐部的领导者以独断专行的专制型方式进行领导，另一个俱乐部的领导者以民主型方式进行领导。实验结果证明，民主型的管理方式优于专制型的管理方式。

民主型的管理方式即把管理建立在尊重学生的基础上，

勒　温

让每名学生都成为班集体的主人。管理者和被管理者在地位上、人格上是平等的。班主任较多地以非角色的身份出现，师生亲密无间。民主型的管理还贯穿着相信学生的原则，不论是什么事，班主任都不能越俎代庖，而要根据班集体形成的不同阶段，青少年身心发展的不同水平，逐步采取"扶着走，半放手"到"放开手"的方式，既要有效发挥班主任的主导作用，又要重视学生的主体作用。

开展活动：班集体形成的途径

集体主义思想、正确的集体舆论、优良的班级风气不是自发产生的，班集体不是在静态中形成的。丰富多彩的集体活动是学生接受集体主义思想教育和班集体形成、巩固的主要阵地，是加强学生管理的重要手段。

1. 通过开展活动强化集体主义教育

一个班集体能够把几十个互不熟识、个性各异的学生个体组合成一个整体，并且产生如此强大的合力，靠的是什么呢？其重要的载体是集体活动，在集体活动中培养学生的集体主义精神。

集体主义精神以其强大的凝聚力，把个体思想情感和目标凝聚为集体的思想情感和目标，从而支撑起班集体这座大厦。集体主义精神并不是固有的，是需要慢慢培养的。这样就需要在集体活动中有效地开展集体主义思想教育，树立学生的集体意识和培养学生的集体荣誉感。要让每位学生都懂得集体的含义，了解个人与集体的关系，认识自己在集体中的位置和作用，认清自己对集体的责任和义务，从而自觉地关心、爱护集体，把自己的一言一行与集体荣誉联系在一起，把自己融入集体之中，最终把个体目标转化为集体目标。这些都离不开班集体活动的催化。

2. 通过开展活动形成正确的集体舆论导向

正确的舆论对每个班级成员的行为起着巨大的鼓舞、激励、约束作用，是学生自我教育不可或缺的手段，也是形成和发展班级集的巨大力量。班集体舆论对学生的影响，远远比班主任个人的力量显著得多。我们经常会看到这种现象：学生犯了错误，不怕老师的严厉批评，却怕同学的指指点点。这说明学生十分看重其他同学的评价。班集体健康的舆论占了优越，就可以战胜不健康的舆论，打击歪风邪气。培养正确的集体舆论，坚持集体舆论导向，班主任的工作就会事半功倍。反之，则会给班主任的工作造成极大的困难，难以形成集体。因此，一个健全的班集体的形成，离不开正确的集体舆论导向。同理，这一切也离不开班级的集体活动。

3. 通过开展活动培养班集体的良好风气

班主任在抓好集体舆论导向的同时，也要重视树立良好的班风。一个班集体的舆论持久地发挥作用，就形成一种风气，即班风。它是班级大多数学生的言论、行动和精神状态的共同倾向与表现。班风要靠集体舆论来支持。班主任对班风的形成有决定性作用。优良的班风一旦形成，就会无形地支配班集体成员的行为，它是一种潜移默化的集体教育力量，而这一切也离不开班级的集体活动。

由此可见，班主任能力的高低，决定着班集体是否有凝聚力。建设好班集体，是班主任的一项重要工作。

学生与班集体

学生作为一个完整的生命体，接受的教育是一种"全人"的教育。教育过程中，学生不仅要有认知，还要有情感、态度和信念。注重生命发展的教育就是让学生的认知、情感、态度与价值观等都参与到学习、生活中来，使学生在认知的同时感受和理解知识的内在含义，获得精神上的富足；学生作为一个完整的生命体，不仅要学习文化知识，还要注重德、体、美、劳的全面发展。教育应该肩负起让受教育者成为一个能通晓过去，预测未来的人的责任。这样的教育赋予了一个人在社会上的生存能力，赋予其人文观，让他认识过去，了解历史，体验人生的价值所在；赋予其道德观，让他学习伦理道德，并努力践行之；更要赋予其知识观，让其掌握对人类有用的知识，促进其全面发展。学会思考，是打开智慧大门的金钥匙。教育也应该教会学生辩证而富于创造性的思考。总之，学生作为一个完整的生命体，不是一架只会学习或装知识的容器，而是一个有着广泛需求、需要全方面发展的人。

班主任要树立"精神关怀"的班集体教育理念

班集体是学生共同学习与生活的准社会组织，是学生个性、品德发展和培养创造精神、实践能力的家园。因此，班主任作为班级的教育者和领导者，不仅要关心学生的文化学习，而且要关注学生的品德发展，要成为学生的精神关怀者。

哲学家雅斯贝尔斯说过："教育过程首先是一个精神成长过程。"班主任教育工作的主要目的是育人，其主旨是关怀学生的精神生活，促进学生的精神成长。"精神关怀者"很贴切地形容了班主任的工作性质。"精神关怀"是教育以人为本的必然要求，是教育人性化的一种体现。即：班主任所从事的是以心育心、以德育德、以人格育人格的精神劳动；班主任要关怀、爱护学生，用精神关怀培养学生的关怀精神。所以说，"教育关怀者"是对班主任教育工作的一个诠释。

雅斯贝尔斯

"精神关怀"是班主任的主要使命。班主任要全面地关心、爱护学生，但以精神关怀为核心。每位教师都有义务关怀学生的精神生活，其中班主任起主导作用。从制度规定的班主任的职责上来说,班主任要给学生更多的精神关怀。班主任应该切实地去关怀、指导学生,丰富他们的精神生活,实现他们的生命价值。

精神关怀主要是关怀学生的心理健康、道德情操、审美情趣等方面及其成长与发展,即关怀他们的精神质量和精神成长;关怀他们当下的精神状况和他们未来的精神发展。班主任的精神关怀从纵向上讲,包含了对学生的现实关怀和终极关怀两个维度。

1. 现实关怀

学生在学校学习、完成"社会化"的过程,为今后进入社会拓宽了生存和发展的空间。学生是有思想、有情感的生命体。因此,对待学生要给予真切的关心。班主任除了要关心学生的学习成绩和生活状况,更要关心他们的内心世界和情感。此外,还要注重培养他们的学习能力、社会适应能力和自主创新能力。

2. 终极关怀

终极关怀是对现实关怀的超越和升华。班主任作为学生的"精神关怀者",对学生的关怀应当延伸到终极关怀。终极关怀的基本含义就是强调人应该具有完美的人格、高尚的心灵,应该有理想、有信念、有信仰,能够真正地超越一切世俗功利的束缚,达到真善美的崇高人生境界。也就是说,班主任不仅要关心学生当前的精神生活和心灵自由,而且要关心他们未来的升学、择业以及今后的发展,即注重学生的终身发展。

班主任的精神关怀从横向上讲,包含了对学生的生命关怀和人文关怀两个方面。

1. 生命关怀

生命关怀是精神教育的一项崭新课题。关怀学生的核心是对学生生命的关注。关怀生命以学生为本,以提升个体的生命质量为宗旨,服务于个体的生命成长和发展,关注个体生命存在的价值,真正做到一切为了学生，为了一切学生，为了学生的一切。生活是生命之源，离开生活的生命关怀是苍白无力的。生命是生活的基础，生活是生命的显现。关注学生的生活就是关爱学生的生命，关怀生命应是幸福化的教育。教育的本质是服务。为学生的终身幸福服务，是教育的崇高使命和终极目的。著名教育家乌申斯基说得好："教育的主要目的在于使学生获得幸福，不能为任何不相干的利益而牺牲这种幸福，这一点当然是毋庸置疑的。"只有真正做到关怀生命、关注生活，提高学生的生命、生活质量，教育才能增加亲和力，富有感染力，提高实效性。

2. 人文关怀

人文关怀立足于自尊、独立、自由的个性，关注人的生存和发展，目的在于提高人的生活质量，提升人的意义和价值。班主任对学生的人文关怀，就是以学生为目标，以学生的发展为本；关注学生的情感需要，诸如思想意志、行为习惯、文明礼仪、个性素养、人际交流等，落实学生的主体地位，使学生成为学校教育的主人，把培养健康健全的人作为中心工作。从感性角度来说，就是培养学生对他人的理解、尊重、爱护和容纳；从理性角度来说，就是培养学生处理自己与社会及环境的关系的能力。

班主任要把班集体建成学生精神生活的家园

精神关怀的内容是很广泛的，关心、理解、尊重和信任是关怀情感的基本表现，也是学生基本的精神需求，因而也是班主任工作的基本内容。因而，学会关心、理解、尊重和信任学生，是对班主任专业化的必然要求。

1. 尊重学生

美国发展心理学家霍华德·加德纳认为，道德中最重要的两个概念是尊重和公正。在现代社会的交往关系中，尊重更多地强调的是民主与平等。美国心理学家马斯洛的需要层次理论认为，人类有五个层次的需要,尊重是第四级需要。在人类高度文明的今天,"尊重"也越来越受到人们的关注。

教育实践表明,学生在得到基本的生存需要之后,最渴求的就是被尊重。他们也希望得到家长、老师、学校、社会的认同和肯定。如果引导得当,这种需要就会成为学生努力学习和发展的内在动力。

尊重学生是学校教育活动的基础和前提。尊重学生的人格,关注学生的个性差异,满足学生的不同需求,已成为班主任教育的起点。教育家马

霍华德·加德纳

卡连柯说过:"我的基本原则永远是尽量多地要求一个人,同时也尽可能多地尊重一个人。"尊重学生,就要求班主任对待学生的自尊心,就像对待荷叶上的露珠、对待新生婴儿那样小心呵护;尊重学生,就要求班主任把学生当完整的生命个体来看,让他们发现自己存在的价值;尊重学生,就要求班主任学会宽容,具有容纳百川的胸怀。做到了以上几点,师生交往才会充满温馨,学生才会感受到做人的尊严,享受到被尊重的快乐。当然,尊重学生并不等于放任学生,只有自由与规范相结合的教育才真正有利于学生的身心健康发展。

2. 信任学生

渴望得到别人的信任,是人们的一种正常需要。学生渴望班主任的信任,怀疑学生的班主任是不受学生欢迎的。信任是相互的。只有用对学生的信任,才能换取学生的坦诚。对人表示尊重和信任的实质,是对其品德、才华、能力的认可,是对其存在价值和意义的肯定,是其向着自我目标奋进的力量源泉。一个人如果能够得到他人的尊重和信任,就会增强前进的信心,获得前进的动力,从而向着更高的目标

迈进。

作为班主任应该充分地信任学生。要相信学生有渴望新知、天天向上的需要。这是处理好师生关系、树立威信，促进学生发展必不可少的条件。同时，信任学生是班主任对学生应持有的态度，是班主任必须具备的品质。对学生的合理期望，有助于提高学生的自信，促进学生的进步。善于发现学生的闪光点，帮助他们扬长避短。接纳每一名学生，相信他们都能成才。相信学生的辨别能力，这是面对学生提意见时，班主任所应采取的态度。

3. 理解学生

对人的理解，主要指对人的内心世界的理解，即从心理上体验他人的心理、精神需求等。理解是以以人为本的方式把握，与对物的认知有根本的不同。因此，理解可以称之为是对人的生命的把握。理解是相互的。理解是教育成功的一个前提条件。理解学生要求班主任把学生当人来看待，而不单单是教育对象。班主任只有放下自己是教育者的身份，才会得到学生们的喜欢，他们才愿意敞开心扉，向班主任倾诉心声。学会将心比心，换位思考，这样才能走进学生的内心，与他们心灵相通。

理解学生，要求班主任尊重学生的选择。在众多价值观面前，选择彰显了人的主体性、自由意志以及本质追求。任何人的选择都是有理由的，是建立在个人的某种思维意识或观念上的，是对生活理解的一种表达，带有某种思想倾向。这就需要班主任在理解学生道德行为时，注意分析他们做出选择的原因和背景，并将这些选择放回到它所存在的母体中去思考，以求得更深刻的理解。

4. 关心学生

关心理论的代表人物诺丁斯认为，关心和被关心是人类的基本需要，关心既是人对其他生命所表现的同情态度，也是人在做任何事情时严肃的考虑。我们每时每刻都生活在关心之中，关心是生命最真实的存在。关心不仅包括为他人的幸福考虑，而且包括对牵涉自己与他人生活的社会事件的理性关切、恢复同自然界的和谐关系以及同他的人生亲和的关联。随着人的关心品质的发展，社会属性也逐渐增强，重要的是丰富了人的内涵，推动人性走向圣洁和高贵。生命关怀的本质是精神关怀，只有从精神上关心了学生的发展，才能真正促进学生的成长，提高关心的层次。

班主任的教育工作是人性化的工作，关心学生是班主任的天职。班主任关心学生，既要在生活上关心爱护，还要在行为意识上进行引导和规范，使学生全面发展。班主任要从内心深处关心学生，点亮他们的希望，使他们勇敢、自信地学习和生活；班主任的关心具有导向和激励作用，只有将其与学生的学习、生活紧密联系起来，才能起作用。因此，班主任要关心学生的学习生活和交往生活，也要关心他们的日常生活方式和生活习惯。

尊重、信任、理解和关心是相互联系的，都是对人的认识和态度，也是教育的基础，教育的力量。关心与理解是紧密联系的，在关心学生的过程中才能理解学生，理解学生才能善待学生。关心以尊重为前提，也是尊重的表现。当然，信任也是尊重的一种表现；对学生的尊重、期待与信任，会给学生带来愉快的体验。

班主任与班集体

班集体建设需要班级全体学生的共同参与，若没有学生的主动性、积极性，良好的班集体难以形成。同时，班集体建设又是由班主任指挥、执行和监督的系统工程。在培养和建设班集体的过程中，班主任作为班级的组织者、指导者和培育者，对班集体的形成和发展起着关键性作用。良好的班集体不是自发形成的，而是班主任辛勤培育的结果。因此，班主任的工作质量直接关系到学生成长的速度和质量，关系到班集体的形成、巩固和发展。班主任能否建设好班集体，是衡量其工作能力的重要标志，也是其综合素质的反映。实践证明，班主任的思想水平、工作水平和道德水平决定着班集体建设的水平，也对班集体的教育质量产生根本性的影响。

在班主任对班集体产生根本性影响的同时，班集体建设也促进了班主任的专业发展。班主任专业化成长的途径是多种多样的，例如教育工作中的学习与积累，班级建设中的实践与反思，同伴的互助与专家的引领等。其中，班集体建设是班主任专业化的重要载体。班主任在班集体建设中，不仅推动良好班集体的形成、学生全方面的发展和个体社会化的过程，同时，班主任也在不断汲取知识，充实自己，促进自己的专业成长。

要把一个普通的班集体建设成为一个优秀的班集体，班主任必须是一个训练有素、专业化成熟的指导者。班主任专业化成熟是指班主任在专业知识、专业技能和专业道德等方面达到胜任班主任工作职责要求的基本素养。班主任专业化成熟更多地体现在班级建设的实践中。一方面，班级建设中实践性问题的存在反映了对班主任专业化成熟的需要，另一方面，班级建设中实践性问题的解决是班主任专业化成熟的标志。班集体建设中的探索与实践，是班集体与班主任工作实践的"同期互贯"，也是班主任与班集体建设共同成长的过程。

班集体建设促进班主任专业人格的发展

班主任的工作对象是可塑性和模仿性强的儿童和青少年。"为人师表"是社会对班主任的基本要求，也是作为班主任的基本素养。在班集体建设中，班主任的人生观、价值观、世界观会对学生产生直接的影响。班集体建设的实践要求班主任的思想道德品质高于、优于、先于学生，一言一行都是学生的楷模；要求学生做到的班主任要先做到，禁止学生做的班主任也坚决不做。因此，在班集体建设过程中，班主任必须以高尚的道德品质影响和感化学生，在促进学生道德成长的同时发展自己的专业人格。

班集体建设促进班主任文化素养的发展

学生的首要任务是学习。作为人类文化的传播者和延续者，班主任应成为学生心目中的"百科全书"。在班级教育管理过程中，班主任对学生施加的影响是全方位的，那么他所掌握的知识就不能只限于所教的学科，还要有广泛的科学文化知识，社会科学和自然科学知识也要有所掌握和了解。因此，班主任应博览群书，谈古论今，挥洒自如，使学生感到在老师身上有取之不尽的知识财富，这样就能像磁石一般把学生吸引到自己的周围。同时，班级也会成为学习型的组织。

班集体建设促进班主任专业知识的发展

班主任的天职是教书育人，这就要求班主任不仅应该拥有深厚、广博的学科专业知识，而且教育学、心理学、伦理学等教育理论知识和"德育原理"、"班主任学"等知识也是班主任专业化所不可缺的。在班集体建设实践中，班主任要掌握这些相关理论知识并逐步运用到学生教育和班集体建设与管理之中，形成自己的工作风格。

班集体建设促进班主任专业能力的发展

班主任不同于任课教师，主要体现在班主任要对班集体进行建设与管理，要组织开展丰富多彩的班集体活动，因此，要求班主任必须具备多方面的能力，如：缜密有方的组织管理能力，机智灵敏的应变能力，广泛灵活的交往协调能力，深刻敏锐的观察分析能力，沉着冷静的自制能力，生动艺术的语言表达能力等。从班级管理工作的需要来看，班主任要做到德才兼备，多才多艺：琴棋书画，天文历法样样精通，耐心爱心具备，严肃幽默全会。虽然这个要求比较高，但如果班主任具有文艺、体育等方面的才艺，将会对建立良好的师生关系、建设良好的班集体起到重要作用。

　　总之，班主任专业化既是一种价值追求，又是一个漫长的发展过程。建设班集体既是班主任工作的目标，也是班主任专业化成长的土壤。班主任要把开展班集体建设作为专业化发展的重要载体。因此，只有在班集体建设中，才能将班主任自身的知识经验转化为个人的教育智慧，从而增强其专业技能，提升人格素养，促进其专业发展。

第二章 班级的目标设计艺术

概 论

《礼记·中庸》曰："凡事预则立，不预则废。"马克思在论述人的活动目的性时也曾说过："蜜蜂建筑房子的本领使人间的许多建筑师感到惭愧。但是最蹩脚的建筑师从一开始就比最灵巧的蜜蜂高明的地方，是他在用蜂蜡建筑蜂房以前，已经在自己的头脑中把它建成了。劳动过程结束时得到的结果，在这个过程开始时就已经在劳动者想象中存在着，即已经观念地存在着。"马克思的这一段话，精辟地论述了人在从事各项活动前，自觉确立目的对活动过程和结果有着举足轻重的指导意义。

由此可见，班集体的发展必须要有明确的奋斗目标，班集体目标是班集体建设的预设方案和行动纲领，须系统设计。

班集体建设目标是指班级在各项活动中所要达到的预期目的。

没有共同的奋斗目标，集体就会失去动力，失去活力。班集体建设的基本问题就是班集体目标逐步内化为每名学生的精神需要，使每名学生的认识、情感、意志和行动同集体的要求相统一的问题。明确的奋斗目标对个体的思想行为具有指导作用，它能将人的需要变为动机来引导行为指向目标，同时给人以力量，促使人去克服困难，达到目标；明确的目标对群体的行为具有凝聚作用，使群体具有集体的特征，增强群体的向心力。由此可见，一个班集体明确、共同的奋斗目标，是优良班集体形成的动力。作为班级组织者的班主任应结合本班学生的思想、学习、生活实际，制订出本班的奋斗目标。在实现班集体奋斗目标过程中，要充分发挥集体每个成员的积极性，使实现目标的过程成为教育与自我教育的过程，每一目标的实现，都是大家共同努力的结果，从而形成集体荣誉感和责任感。目标应是远期、中期、近期目标的结合，逐步实现目标的过程会产生梯次激励效应，产生强大的班级凝聚力，从而促使优良班集体的形成、巩固和发展。

从松散的班级群体，到有组织的班集体，再到有共同奋斗目标的班集体，成为学生全面成长的摇篮和阵地，是需要班主任及全体学生共同努力才能实现的。怎样把班级逐步建设成为一个良好的班集体呢？从几十个学生分在一个班级起，班集体建设工作就拉开了序幕。此时，班集体目标设计是班集体建设的首要环节，须仔细筹划。

班集体目标的设计意识

班集体的形成和巩固是以共同的奋斗目标为前提的，正确的奋斗目标是维系师生为之奋斗的共同纽带，是班集体前进的动力。班集体奋斗目标必须有具体性和实效性。

明确班集体目标的分类

1. 确立班级奋斗目标可分长期、中期、近期三个阶段来考虑

（1）长期目标　可以理解为三个学年度的奋斗方向。班级的长期目标应该是培养德、智、体、美、劳全面发展的社会主义事业建设者和接班人。使学生了解和初步掌握马克思主义的基本观点；热爱祖国，拥护党的基本路线，树立为祖国富强而奋斗的目标，养成勤劳、俭朴、文明、礼貌、遵纪守法和保护环境的道德习惯；形成诚实、守信、自尊、自强、坚毅和勇敢的个性品质。

（2）中期目标　可以理解为一个学年度的奋斗目标。在政治思想方面：正确处理个人前途与社会需要的关系，树立为集体、为民族做贡献的献身精神。道德行为方面：养成艰苦奋斗、遵纪守法及良好的

行为习惯，有较强的生活自理能力；遵守社会公德，对不良影响具有一定的辨别抵制能力，养成不怕困难、不怕挫折、勇于创新的优良品格。智力培养方面：具有正确的学习态度，科学的学习方法，良好的学习习惯，形成求实、探索、团结和进取的学风，成为智能型的人才。

上海市优秀班主任余熙海老师，把班级计划中一年建设班集体的目标任务让学生画了一幅画，画面上画着一棵苹果树，树干上写着"一年内建成班集体"，树枝上挂着 15 个苹果，每个苹果上都分别写上一个要求，这就是一年建设班集体的 15 条要求，其中 6 个已经涂上黄色，说明已经做到了，这就是形象的"班级中期目标树"。

（3）近期目标　可以理解为每阶段教育所要达到的目的，一般是指在半个月或三个星期以内的目标任务。应体现在每次精心设计的教育活动之中，开展活动的目的是为了培养学生的集体主义精神，培养助人为乐、热爱劳动等优良品质以及一定的组织能力和实际操作能力，等等。

滁州市南谯区沙河中学初二（3）班，在班主任王维德老师指导下，班委会、团支部一方面总结了开学后一个月内班级的进步，如：班级出现了积极、热情帮助新同学熟悉学校环境、介绍学习经验的好人好事；课堂纪律良好；学生们富有爱心，保护鸟类，爱护花草树木等。另一方面也总结出了目前班级急需解决的问题，有如下五个方面：全班行动起来平整操场一次，掀起体育锻炼高潮，在 11 月上旬举行的全校秋季运动会上誓夺初中组总分前三名；在教室里设置痰盂两个，由值日生负责刷洗，坚决消灭随地吐痰的恶习；购置暖瓶、茶杯，在班上推行尊师一杯水活动，由各科代表给每位前来上课的老师敬开水一杯；每次下课以后请老师先行，尤其是上午第四节课，无特殊情况学生不得先于老师离开教室；秋冬之际，白天逐渐缩短，要杜绝上午第一节课出现迟到现象（特殊情况除外）。这样的总结肯定了大家的付出所取得的成绩，大家备受鼓舞。了解了班级的不足，大家积极参与，顺势就总结出班级近期需要做的事情，班级近期目标也就形成了。

长期目标是组建班集体的最终目标，组建班集体的全部工作都是为了使全班学生朝着这个方向去努力、去奋斗，但是这是一个渐进的过程，组建班集体工作的重点，应放在中期，尤其是近期目标的设置与实现上。

2. 按对象可分为班级目标、小组目标、个人目标

所谓目标，其中包括：班级目标、小组目标和学生个人目标。在班级集体总目标设置的基础上，通过自上而下层层分解，将班级集体目标分解成若干个小组目标。小组目标主要指出勤、纪律、作业、出操和卫生等常规项目的目标，是班级集体目标的进一步具体化。接下来，把小组目标分解成个人目标。个人目标，反映了每个学生自身的需要和个性特征，具有强烈的个性化特点。学生不可能只为实现共同的组织目标才参与班集体的各项活动，他们必然有自身独特的需要、兴趣、爱好和目标。班级集体目标、小组目标与个人目标是矛盾的，又是统一的，相互之间具有双向反馈的机制。班级集体目标、小组目标包容个人目标的合理因素，个人目标则以班级集体目标、小组目标为导向，这样，彼此之间就会相互渗透。同时，在小组目标和个人目标设置的基础上，又通过制定相应措施、制度，自下而上层层加以保证和落实，并进行整合，使各目标之间达到和谐统一，最终形成一个纵横交错、协调一致、同时又能保证班级集体总目标得以实现的班级目标网络。

构建班集体的基本原则

1. 方向性原则

目标犹如航标，指引着航船沿着正确的方向到达彼岸。班级奋斗目标是全班师生共同努力的方向，是全班统一认识和行动的纲领。它是国家培养人才目标和学校教育目标在班集体建设中的正确反映。

2. 激励性原则

班级奋斗目标，是激励学生为之奋斗的动员令，它在书面表达上应该鲜明具体、生动感人、催人奋进。要不断地根据班集体建设的新发展予以充实，不断展现出新的前景，以吸引班级的所有成员，激发他们的责任心、荣誉感；鼓舞大家为达到预定目标孜孜以求，使班级始终朝气蓬勃，不断前进。

3. 中心性原则

班级奋斗目标是全班师生为之努力的方向，也是班级工作的出发点和归宿。因此，班级的一切工作都要以它为中心，使大家感到目标不是空的，而是与日常的学习、工作、活动密切联系的。同时，还要经常用它来检查督促班级的各项工作，使之真正成为推动班集体建设不断前进的巨大动力。

4. 渐进性原则

近期目标是依据中、长期目标而设计的，中长期目标又是通过近期目标的不断达成而逐渐实现的。实现奋斗目标不能操之过急，要注意它的渐进性，即一个近期目标实现之后，经过认真总结，及时根据中、长期目标提出新的近期目标，使之成为一个前后衔接、循序渐进、不断提高、不断深化的过程。

5. 可行性原则

班级奋斗目标必须符合学生的生理、心理发展特点，思想觉悟、生活经验及班集体发展水平等实际状况。只有适合学生的需要、兴趣和愿望，才会有广泛的群众基础，才会有实现的可能性；否则就难以为全班学生，至少是大多数学生所认同，因而也就难以调动学生实现目标的主动性和积极性。

班集体目标的设计主题

第八次基础教育课程改革的核心理念是：为了中华民族的复兴，

为了每一位学生的发展。这一价值取向的定位为班级管理的转型指明了方向。我们应该认识到，班级管理只是教育的手段，给学生提供良好的教育，使学生成为和谐发展的人才是教育的目的。班集体作为学生最直接接触的社会环境，不仅影响着学生的理智、情感、个性和社会化进程，而且是学生交往和归属的良好"情感家园"，是学生迈入社会的"演习场"。归根结底重视班集体建设的最终目的就是为了每一位学生的发展。所以班级管理必须树立"促进每个学生发展"的目的观，只有确立了这样的目的观，班级管理才能真正做到为每个学生的成长服务。

人人参与制定

无规矩不成方圆。制定目标是班级管理的前提条件，而学生的自主精神是班级管理的灵魂。每个学生都是班级管理的主人，既是被管理者，又是管理者。因此，作为班主任，首先要从思想上更新管理概念，确认每个学生在班级中的主体地位、权利和义务，尊重学生的人格、个性，加强自主意识和民主意识的教育，引导学生参与班级目标的制定。

班训、班规、班集体目标的形成，传统的做法是班主任拟定条款，让学生明白制定一套切实可行而又推动班级发展的班训、班规的必要性和重要性。然后通过个人建议、小组讨论、班会等形式，引导学生反复推敲，从而共同制定出既符合校情、班情，又能让全班学生共勉的起到激励警戒作用的班训、班规、班纪，并确立班集体奋斗目标。从学习、纪律、卫生、礼仪、行为规范等方面，提出明确而又具体的目标和确保班集体目标实现的措施。因为这些目标和措施都是由学生们自己商定的，既有切实可行的近期目标，也有高瞻远瞩的远期目标，所以在完成时，就显得更主动，更有信心，更得心应手。

班训、班规的实施也很重要。在实施过程中，作为班主任应引导学生熟悉班训、班规，要求他们自觉遵守，互相督促，让每一个学生都成为班训、班规的实施者。

人人参与管理

人人参与，就是让每名学生在班集体中都负有一定的管理权利或服务责任。例如，在班级公物管理中，可以画出一张承包管理图，明确规定每位承包者的职责范围，建立起一套检查监督规章制度，从而真正实现"班级的物，物物有人管；班级的人，人人有事干"的格局。这种格局可以发挥多重作用，一是可以让每一位学生都获得一种"存在感"，让每个人都能够受到大家的注意和尊重；二是能够帮助学生发现自己的潜力，让埋藏在灵魂深处的所有的才能都发挥出来，例如记忆力、交际能力、领导气质等；三是可以让每位学生参与到与他人的互动中，互帮互助；四是让学生有一种主人翁意识，自觉自愿地担当班级的小主人。这种格局的形成，既有个人愿望的表达，又有集体的选择；既有个人表现的空间，又有集体规范的约束，是促进每位学生发展的好形式。

近年来，随着教育改革的深入，许多班主任对班级管理中形成的人人参与的格局进行了很多有益的探索。笔者认为其中一些管理形式很值得借鉴，有助于"人人有事干"的格局的形成，使班级管理趋于有序落实。例如，"三位一体"管理模式。所谓"三位一体"，即在班级中设立"常委会"、"自管小组"和班主任助理。"常委会"采取竞选和选举结合的方式由八人组成，是班级的"立法"机构，在分组广泛征求任课老师和班级同学的建议和要求的基础上制订可行性常规，并监督规章制度的执行。为营造"人人参政"的局面，每位学生必须参加一个"自管小组"，如环境小组、宣传小组等。班主任助理任期一周，享有班主任的"权力"，组织带领各个小组的同学去参加各项中心活动，负责任期内每天的班级事务。"责任承包管理制度"是把班级工作细化，细化到每个人都承担，如设定大扫除用具、教具等物品管理责任承包人，班容保护责任承包人，桌椅、饮水机保护责任承包人，玻璃擦拭承包人，清洁区卫生责任承包人，班级纪律责任承包人，主题班会责任承包人，文体活动责任承包人，好人好事验收与督促责任承包人，班级各项工作质量检查责任承包人等等。

总之，"以学生为本"的班级管理，必须让学生全过程、全方位、全身心地投入到班级工作中，在全民参与的基础上确定出班集体奋斗目标，从而调动学生的积极性和创造性，逐步培养他们独立自主的精神和自我管理的能力，逐步实现"管，是为了不管"的目标。

虽然班级工作中学生是班集体奋斗目标的设计主体，但是教师的辅导地位也是不容忽视的。班主任在班风的建设中不仅要以科学的道理武装学生，以高尚的精神塑造学生，以优秀的人格影响学生，更应该注意班集体的舆论导向，让正确的舆论引导学生。正确的舆论中心和导向能够使学生坚定自己的学习信念，明确自己的学习目标，形成自己的纪律观，从而达到自律、自强，并最终形成正确的人生观和世界观。

根据学生实际制定班级管理目标

班级常规的制定必须依据本班的实际情况，其标准不宜过高或过低，内容符合班情。这就要求班主任在制定班级常规之前要对本班的学生进行充分的调查研究，并在学生讨论协商后做决定。这既有利于班级常规与班级实际情况相符合，又有利于发挥"讨论"的功效，还有利于被学生接受，为常规的实施奠定了认知基础与心理基础。

班级常规的制定既要从班级实际情况出发，又要突出重点。一般可以从以下几个方面进行选择：（1）工作职责常规。班级所有学生干部及成员都要明确自己在班集体建设中的工作职责，提高他们的主人翁意识，促进学生自我意识、民主意识的培养和个性的发展，从而使班级工作有条不紊地进行。（2）学习生活常规。为提高学生的基本礼仪修养，抓好班级的纪律建设，培养优良的学风，促进学习质量的提高而制定的学习纪律、学习管理方面的常规。（3）活动管理常规。结合有关节日、纪念日，班级组织开展各种教育活动制定的常规，包括对活动程序等做出的规范。（4）体育卫生常规。为培养学生良好的体育卫生习惯制定的规范。如引导学生认真参加两课、两操、两活动，保证每天有一小时的体育锻炼时间的规范等。

班集体目标的设计内容

什么叫个性？个性就是个体在物质运动和交往运动中形成的具有社会意义的稳定的心理特征系统。

个性与集体是不矛盾的，个性发展与集体活动也是不矛盾的。要真正实现个体教育，就必须加强集体教育的研究。通过建立本真意义上的集体实现真正的个性教育。因为只有在一个方向正确、目标明确、管理者完善的集体中才会有真正意义上的个性教育。

要想让学生成为个性张扬的生命，可以从以下三个方面着手。

尊重学生的个性

爱学生，首先是要尊重学生。尊重学生，其核心是要尊重学生的人格，尊重学生的个性，维护、提高学生的自尊心。学生和成人一样有强烈的自尊心。班主任稍加留意就会发现这种状况：学生经常会按自己的意志行事。在这种情况下，班主任应当对学生的兴趣、能力、技能、知识、家庭环境和同伴关系，进行观察和了解，不断调整自己的教育方法，切忌用统一的要求和制度来规范所有学生，以抹杀学生的个性。要尊重学生的个性，不能以教师的期望来突然改变学生。把学生看作活生生的人来对待，从学生自身的体验、感受、思想、感情出发，去理解他们的行为，并在此基础上引导他们向合乎教育目的的方向发展。

了解学生的个性

集体荣誉来自于全体学生的共同努力，因此也要靠全体学生来维护。从某种意义上来说，集体荣誉和个体荣誉是紧密联系在一起的。每个学生都希望自己能被承认，当某个学生的特长在集体面前得到展现时，其本人特别希望得到集体的承认和赞扬。这说明班主任担负着评价学生个性的职责和义务。因此，班主任应经常有意识地触动全体学生的荣辱感，有计划地举行各种形式竞赛，可以帮助学生树立竞争意识、自强意识、合作精神，在竞争中丰富和发展自己个性。其次，还必须坚持"因材施教"的原则，观察分析、综合学生的个性表现，积极的方面给予表扬，不好的方面给予纠正。加大荣誉的正向指导，使学生的个性发展在集体中臻于和谐、完美。

发展学生的个性

群体相依关系是指群体中一个成员的行为结果依赖于群体其他成员的支持所形成的关系。作为一种强化方式，它能使一个群体中的所有成员都去从事只有少数人才能达到的行为目标。这种关系越密切，个体在集体中的地位和作用越突出，集体观念就越容易形成。基于这一点，班主任在强化集体观念时，是绝不能漠视个体的存在的。因为没有个体，就没有集体，群体相依关系也便失去了它的作用。根据前苏联教育家谢苗诺夫的观点，班主任在集体教育中培养

谢苗诺夫

个性应实现以下职能：（1）保障在群体意识范围内培养影响每一个学生的个体意识的集体思想和信念；（2）制定出积极的群体准则和以行为标准作为集体成员的个体行为调节器；（3）有目的地创造要求成员符合集体定出的思想和准则的行动和行为情境；（4）保证对作为教育影响客体的个性的行为进行舆论监督，并为其纠正；（5）刺激集体成员受社会赞许的行为方式，采用补充、影响的方式，以建立预期行为方式的必要的内部动机。为实现上述职能，我们可以通过组织有意义的活动来达到目的，群体是影响个性的重要力量，在实施素质教育中，必须积极开拓学生个体活动的领域，精心设置丰富多彩的活动，为学生提供适合个性发展的条件，帮助学生挖掘潜力，使其通过学习、活动和交往，形成自由而和谐发展的个性。

第三章　班级的组织建设

概　论

　　班集体的内涵是指有明确的班级共同奋斗目标、完善的内部组织机构、自觉的纪律、正确的集体舆论和一定的凝聚力，并能进行自我教育的学生集体。班集体对促进学生个性的健康发展具有重要作用。因此，班集体组织建设至关重要，其主要任务是健全班级组织机构，形成班集体核心引导班集体内各种组织健康发展。

　　班集体组织建设应遵循的三原则是：有利于教育的原则、目标一致的原则及有利于学生身心发展的原则。班集体的形成通常来说经历三个阶段：松散群体——联合体——班集体形成。

　　从管理学理论角度划分，班集体组织包括正式组织及非正式组织。健全的正式组织是每一个班集体不可或缺的，如班委会、团支部等；非正式群体组织不是每个班集体中必然存在的，但其却发挥着重要作用。

　　从管理学对群体概念角度看，班集体组织包括正式组织及非正式组织。正式组织是依据组织章程或正式规范建立的，其成员之间是从属关系或平等关系。正式组织具有目的性、正规性和稳定

巴纳德

性三个基本特征。班委、少先队中队委、团支部属于正式组织的范畴，它们又各成组织体系，每个组织体系内还有很多不同的分工。巴纳德曾说过，没有自觉的共同目标的任何联合的个人活动称为非正式组织。与正式组织相对应，非正式组织的基本特征是：自发性、内聚性和不稳定性。小团体是根据兴趣、爱好、特长、性格等个性特点自发形成的。小团体的产生看上去与正式组织是对立的，而事实上它不是对立的而是互补的。这是因为，只有给个人以某种活动领域，在那里他可以自我选择，不受正式组织非个人化的目标的支配而独立做出自己的决定，组织成员作为个人的人格才得到保障，他才能有可能不断地为正式组织贡献自己的力量。有上面的认识，班集体的组织建设首先要建设一个坚强和谐的班队组织。同时，要允许并鼓励积极向上的小团体与之共存，相互鼓励、相互支持，从而使学生获得全面发展。

既要班团队合一，又要职责分工明确

班级组织包括班委会、少先队中队委、中学团委，班委会的职责是帮助班主任做好班级组织工作。班委包括班长、学习委员、生活委员、体育委员、宣传委员、文娱委员、劳动委员。班级由很多小组构成，每组设小组长。团委工作是组织学生团委活动，进行专项思想教育。团委包括团支部书记、副书记、组织委员、宣传委员，其下还有小组长。少先队中队组织包含队长、副队长、旗手，以及学习、劳动、体育、组织、宣传等委员。班委会、中队委或团委在班集体工作中各自工作性质不同，但又互补。因此，要根据班集体工作实际情况和学生发展需要，既要联合班委会和中队委或团支部的工作，分工明确，各负其责，又要增进"班团合一"、"班队合一"，在班集体组织机构建立和人员分配上全面考虑，做到分工不同，但不分家，不分心，团结努力，紧密结合，力争班委会和中队委或团支部一起进行工作。

为了让更多人发展，需增加班级岗位

苏霍姆林斯基曾说过："真正的教育是自我教育。"事实说明，所有外在的教育力量和因素，只有内化为学生的自觉需要才可能真正奏效。教育，本质上是通过外在改变内在。引导学习自主管理自己，在实践中实现自我教育和发展。可以按照实际情况增设不同岗位，让每个同学都有机会得到锻炼。

多个管理职位可以为更多学生提供锻炼机会。一方面可以增强学生的集体意识和班级的向心力，另一方面能使学生获得班级管理的实践经验，促使他们主动参加班级管理的积极性，并在管理者与被管理者的互换位置中学会约束自己。要多设立班级管理位置，除平时的班队干部管理岗位外，还有班级图书管理员、个人卫生督察员、黑板报编辑部、电化器材管理员、每日"实话实说"主持人、知心信箱管理员等岗位，让学生有机会得到锻炼。

为了促进学生全面发展，学生要定期进行角色变换，让学生在不同的管理岗位上得到全面的锻炼，得到更多的管理经验和能力。角色变换有三个方面：第一，班级管理各班人员要定期调换，尤其重要岗位，尽可能一个人任职不超过两次，每次原班人马不超过1/3，岗位工作不超过两次。第二，双人或多人负责的岗位，可定期进行分工轮换。第三，不同管理级别的人员管理角色可以互换。如出色的小队干部可升任中队干部，中队干部也可降任小队干部，降任者并不一定因为他能力不够，而是为了给别人一个机会，让其他人也有锻炼的机会。

组建学生社团，促进素质发展

因为共同志趣、爱好而聚在一起组成一个学生团体是一种方式。学生社团依照学生的兴趣、爱好、特长、性格、个性而成立的，其范围广，学生可以选择各种类型的社团参加，增长自己的知识，扩大视野，接受多种科学知识学习，让自己思维敏捷有灵感，适应当代科学发展趋势。学生在社团中可以负担不同职责，既能锻炼计划、组织、控制、协调、指挥和领导的能力，也能锻炼团结协作、共同攻关的能力。社团活动可以让学生走出校园，了解社会，增强学生的实践能力与社会适应能力。班主任可以通过发展社团，在班级中创造一个好的学习环境，老师要让同学多参加有益的社团活动，并对有贡献的社团加以表扬、鼓励。

班集体组织的构建

班集体要团结上进，它是学生锻炼自己、充实自己走向社会的起点。是培养学生全面发展的摇篮。尽可能让班里每个人都有机会参与管理得到锻炼，从以下三点做起。

定期改选或轮换式的干部制度

班集体必须要有一个能力强、素质高、有威信的干部团体，它是班级的核心。在他们的带动下展开各类工作。好的班级管理团队是老师得力的助手。在班干部选举上，有很多班主任惯于采用任命制和终身制，这种方法会随着年级的上升越来越不好。大部分同学不能亲身经历体验，不能参与分班，因此就会失去兴趣。而长期任职的班干部也会助长自我优越感而容易形成特权思想。长久下来，也会消极不好好工作。对班主任而言，处理好班干部之间的关系、班干部与其他学生之间的关系成了最难处理的事。特别是现在的小学生，他们有自己的看法，因没有机会发表他们会不服气，会沮丧甚至产生对立情绪，进而影响班级的团结。

实行班干部竞聘制和轮换制，定期竞选让每人都有机会。在民主选举的基础上学习好、品质好、关心大家、有能力、有威信的人担任班干部，这样的班干部学生才会信服，才能真的起到带头作用。鼓励他们竞选班委，对一些不负责、不能严格要求自己的学生，要给予压力，限期改正，这样做，能保持班级管理层不断进步，保持活力，同时也使更多好学生有锻炼的机会。在一个班里，积极上进参与班干部竞选的人越多，班级的教育作用越有效，发展水平越好。

为加强班干部管理而采取竞争机制

竞争上岗，是培养会学习、会生活、会创造的优秀人才的很好的办法，能提高调动学生参与管理的积极性，形成民主班级理念及当家做主的想法。在竞争中，让每个学生都有一种危机感，不甘落后，积极进取，创立一个非常好的环境。

竞争上岗，可以调动大家的积极性和热情，让当选者可以全心投入管理，是一个非常好的方法。比如，班干部的产生打破原有惯例，采用月月竞选制。在竞争过程中，班主任要注意以下几个问题：培养竞争意识，激发竞争愿望。竞争意识是形成竞争品质的前提。增强大家参与竞争的想法。老师要以当家做主的理念引导他们，让大家知道在竞争中进步，在竞争中完善。而且，只要努力，就有竞争的机会，从而激发起学生的竞争意识。

为促进班级团结而开展兴趣小组活动

多姿多彩的活动，可以提高学生的交往品质、活动能力，培养学生进取奋斗精神。班主任可以带领学生开展各项活动，如开展文娱活动、手抄报评比活动、安排值日生工作、建立学生自主进行班级情况汇报制度等。大家可以在活动中尽自己所能提高自己，超越自己。也为班级争取荣誉，但要互助互利，集体合作，增进学生之间的友情。使学生心情愉快，对班级充满自豪感和责任感。

多样的班组织，可以让班级的各项水平不断上升。

班干部的选拔培养

班干部的管理对凝聚班级的向心力是一剂重要的催化剂。因此班干部队伍的能力与责任感就显得尤为重要。这些不仅能使班主任的日常管理更加顺畅，而且能实现长效的、自主的班级管理，使其工作逐渐步入良性循环。

在活动中发现班干部

现代心理学研究显示：每个人都有不同的组织领导才能。就学生而言，他们正处在成长期，有很大的可塑性。这需要班主任根据学生的特点有计划地去培养和挖掘。比如可以通过开展各种文化活动、班会、演讲比赛等方式，从中发现能力突出的学生，作为班干部的后备人选。

班主任在挑选、发现学生潜力的过程中就如同是伯乐，学生是千里马。班主任的挑选挖掘过程不但能激发学生的积极性，使他们主动参与，还能使班级工作充满情趣，起到良好的教育启发效果。此外，还能在各项活动中发现有热心于集体事务、团结同学等优点的优秀学生。

民主选举班干部

北京师范大学教育系刘惠珍教授曾经这样说过：成为班干部后能培养学生的责任感、团队精神以及自信心等良好品质。从而使学生学会如何看待他人，如何应对挫折。班主任需要根据不同年级、不同学生的个人情况具体确定班干部的选拔方式，给予更多人锻炼的机会。目前通行的选拔方式主要有如下三种。

1. 民主选举

班级刚成立时，班主任即可根据学生情况建立学生档案，指定临时班干部，经过几周的交流与观察之后，再启动正式选举。这样做可以使干部选拔具有广大的民意支持，更有说服力。

2. "组阁"方式

通过全班同学的投票，选举产生班委会成员，其中团支部书记3名，由他们组成讨论后，经班主任批准产生其他班干部人选。所有班干部不但要做好本职工作，还要管理监督其他班干部。

3. 竞争上岗

首先由候选干部自愿登台发表"竞选演说"，然后接受学校领导和老师及同学提问，回答完毕后由全班学生投票，选出规定人数，最后根据学生的个人特长确定其承担的职务。此外，班主任还可以细分班上的工作，从而可以为更多的学生有机会担任班干部，激发大家竞选的积极性。这样可以做到人人有责任、有机会为班集体尽责，最大限度地发挥出每个人的潜能。

权力下放，培养班干部

班干部虽然经过严格程序选举产生，但选出后还要精心培养才能使其成"才"。班干部的培养对班委会的建设来说是必要的环节。班干部一经产生，班主任就应该对其给予严格要求、细心指导。不但要从工作内容、工作方法上进行指导，而且要在学习、生活上严格要求他们，这样才能使他们早日担当班级重任。

一个合格的班干部的成长通常要经过三个阶段：（1）培养期。开始时，班干部大都工作经验不足，班主任需要与班干部分析情况，共同明确分工职责。（2）领着走。即当学生干部具备一定管理组织能力后，班主任可半退出，让学生自己安排，老师只在一边当参谋。（3）放手走。班干部在班主任的培养下经过实践，他们的能力足以胜任班干部工作后，就逐渐放手，让他们大胆工作，如组织演讲、球赛等。但班主任也不是撒手不管，也还需要适当参与班干部组织的活动，以帮助他们管理组织能力有更大的提高。班干部任期结束后，班主任需公开评选一定数量的优秀班干部，作为激发班干部工作动力的手段。

即使再优秀的班干部也要予以监督，否则也会犯错误的。班干部工作民主评议制度即可以给他们一定的压力，也便于逐步形成民主作风监督制。至于具体的民主监督方式可以有许多种，如"民主意见箱"，或让学生给班主任写信、电子邮件等。任期届满，可组织班干部面向全班同学述职，接受大家的公开评议。

班集体非正式群体教育

在学生的班级生活中，经常能看到许多学生喜欢扎堆，搞小团体。他们放学、做作业、过生日……都爱在一起，形成非正式群体。这种小群体同班集体（正式群体）容易形成班级的社会心理气氛，影响着班级的发展。所以，班主任必须正确对待这一现象，并深入研究，使其能与班集体的发展协调一致。

美国心理学家柯尔曼的研究显示：非正式群体的作用可以影响教学效果，既有好的影响，又有坏的影响。当非正式群体的影响与学校教育的要求、与学生个性发展的要求相吻合时，它的影响就是积极的、有益的。如果非正式群体干扰、阻碍甚至破坏了学校教育效果，它就表现出消极性和负面影响。因此，必须正确引导，使其发挥积极作用，让学生在群体的交往中体验友情，升华品德，提高交际能力，培养实战能力，发展个性。具体而言可以考虑从四个方面着手。

用心观察，鼓励成长

因相同的理想、志向、爱好而走到一起的优秀学生形成一个小团体是有积极作用的。老师要予以鼓励和支持。如成立篮球队、排球队、摄影组、宣传组等各种课外兴趣小组。只要他们取得了成绩，就马上公开表扬，在班级、年级里面宣传，把它制成榜单。利用这种方式去教育比说教更有效，例如某校某班出现了足球队、田径队等学生自发组织之后，班主任可以出来为他们制订活动章程和行为守则，提出学生喜爱的口号。在大家的共同努力下，期末他们班被教委授予"体育特色班"称号。

关爱中转化

《学习的革命》曾说过："如果一个孩子生活在鼓励中，他就能学会自信；如果一个孩子生活在认可之中，他就能学会自爱。"心理学研究也显示表扬与奖赏比批评与惩罚的效果要好很多。每个学生都有好的一面，我们在关注好学生形成的团体的同时，也要关注负面学生形成的团体，并且巧妙地利用他的优点，从而改变他的认识，最终成为骨干力量。对于那些与学校老师有强烈抵触的学生，要找出他们的优点加以利用，让他们从心里接受而最终转变。

班主任一方面要找到学生们的优点，还要把他们推上展示的舞台。让他得到众人的肯定而获得成就感。每个学生都希望被老师肯定、学生认可，因此，老师就要去发现他们，帮助他们。

正确对待"龙头"，巧妙利用

"龙头"作为小团体里的核心人物，具有很强的组织能力。是其他成员无法替代的。如果把这部分人善加教育和利用一定是非常有成就的。老师要善加利用小团体内的核心人物。关心爱护他们，对他们委以重托，最终达到教育目的。有的核心人物可根据其特长安排参加正式群体，与之相融合。还可以根据实际情况，把一些工作交由这些小团体核心成员去完成，充分利用他们在特定群体中的影响力。这样才能使班级稳定健康发展。

学校与家长紧密协作

　　教育转化是一个长期的过程。从一开始关注某个小团体，班主任与同学就要真正关爱他们，并让他们真正感受到。当然，整个转化工作肯定不是那么顺利的，每一个小团体成员在转变过程中都可能出现反复的现象，对此，班主任一定要充满耐心，不要灰心，否则就前功尽弃。

　　小团体的形成具有一定的社会性，因此，班主任要与社会、家庭紧密联系，形成立体化的教育网络，对小团体实施全方位的监控和教育。只有这样，才能使小团体得到全面健康的发展。

第四章　班级制度的建立

概　论

要想管理好班级就要建立起班级制度。什么是制度呢？制度就是人们在生活、办事中必须遵守的行动准则。它具有客观抽象性，而且具有在一定范围内的普遍强制约束性。制度从形式上来看分为正式制度和非正式制度。前者指与社会生活直接联系的、正式的成文制度；后者则主要指习俗、惯例等。

现代社会，人们更关注管理的实效性，注重把管理的中心从物转向人，更多地探讨人的需要、价值观、建立人性化的管理理念。人性化管理是以感性的方式关爱人们，调动人们的积极性、主动性、创造性，管理方式也充满感情色彩。在人性管理中，管理者的主要精力和任务是如何确立和处理与被管理者之间的关系，研究调动他们的积极性、主动性、创造性。

因此，制度与人性化管理并不是对立的。前者是后者存在的前提条件，后者则是对前者的一种有效补充。班集体建设在管理上采取刚柔并进的方法，才能取得很大的成效。

实际上，在班级管理中出现的一些问题，并不是制度和人性化管理出现了问题，而是管理者或被管理者不能很好理解和运用才造成的。任何人性化的管理都不能脱离制度，否则就有违管理的最初想法。而制度也只有在人性化的管理中，才能得到不断发展完善。因此，老师要以人为本，以教育为主旨，处理好制度与人性化管理的关系，才能建立班集体。

班集体制度建立方式

有效管理班集体要依赖制度建设。制定制度就是为了保障学生全面自由地发展。班主任制定班集体管理制度时，可从以下两点出发。

一是控制型，强调制度的约束力。不少老师喜欢建立各种考核制度、评比标准来对学生进行管理。以分数作评比标准等，这样的管理让学生们感到压抑，没有动力，是不利于班集体发展的。

二是人文型，强调制度的激励作用。有的班级规章制度中激励机制多，而惩治手段少，即使对学生进行惩罚也体现人性化。如罚上台表演节目、罚写说明书等。与控制型相比，人性管理是"以人为中心"，即尊重、理解和信任学生，给学生以更多的关爱。这种管理制度的用语不会是冷冰冰的，而是充满人情味的启发、诱导与激励。在这种制度下，学生由"监督对象"成为教育管理的主体，能充分发挥学生的主体意识，从而产生自我管理、自我教育能力，同时对学生健康人格的形成也有明显的作用，人性化管理并不是让班集体管理失去约束力，让其沦为一个秩序混乱的乱班。班主任应与学生一道在制度环境上下功夫，让每一个学生都在受约束的同时得到激励和发展，从而建立一个温馨和谐的人性化管理体制。

师生共同制定班级管理制度

人们更乐于遵守自主参与制定的规章制度。陶行知在《学生自治问题之研究》一文中曾这样写道："有的时候学生自己共同立的法，比学校所立的更加近人情，更加切合实际，而这种规则的力量，也更加深入人心。……自己共同所立的规则，从始到终，心目中都有它在；平日一举一动，都为大家自立的规则所影响。所以自己所立之规则的力量，大于他人所立之规则；大家共同所立之规则的力量，大于一人独断的规则。"因此，在班级制度建立的过程中，必须充分考虑学生的实际情况和需求，并在班主任的引导下，由学生们自行商议、起草协议、达成一致，这样制定的规则制度才具有真正的权威性，才能被大家遵守。

严格的制度，人性化的语言表述

好多班级管理制度中常使用一些命令性词语，如"不能"，这些词语体现不出协商与尊重，体现不出师生间的平等。因此，班级管理制度的用语尽量要人性化，尽可能不用"严禁"、"不"等词语，多使用"请"、"需要"等更具人情味的词语，使学生易于接受。比如有的班规是这样写的："（学生）不能在学校内吃瓜子、口香糖和泡泡糖，不能在教室里吃零食"、"遵守课堂纪律，上课期间凡持有手机的同学必须将手机调至静音或关机状态"。我们也可以这样："为保持教室的干净整洁，请同学们不要在学校内吃瓜子、口香糖和泡泡糖，请不要在教室里吃零食"、"请同学们遵守课堂纪律，上课期间请持有手机的同学将手机调至静音或关机状态"。

建立有激励性的班级管理制度

由师生共同参与制定，要有的放矢，有针对性。如果规章制度框架笼统，都是原则性规定，即使有再多的制度和纪律，也不能达到教育目的，相反只能让学生反感，无所适从。

班级管理制度一方面要求学生必须做什么和不该做什么，另一方面要发挥激励规范作用，使学生主动向更高的方向去努力。因此，班级管理制度应有罚有奖，罚要温和，奖要及时，重在教育作用。充满温情的处罚，可以是奖给学生一个改正错误、赢得大家谅解的机会。如"两次迟交算一次没交，一次没交罚扫地一次"，很明显地带有强制性，容易使学生心中产生对立情绪。因此，可改为"两次迟交算一次没交，一次没交罚作十个俯卧撑"。

班集体制度的内容设定

美国教育家杜威认为"教育即生活"。我们每个人都喜欢生活在一个多姿多彩、没有拘束的环境里。班集体制度的内容应力求做到以下四点。

符合法律法规和有关规定

杜 威

班级规章制度在内容上要以《中学生守则》《小学生守则》《中学生日常行为规范》《小学生日常行为规范》以及学校的校规校纪为依据，绝不能与国家的教育政策、法律法规相悖。尤其是在奖惩制度中，绝对不允许有罚款的内容，不允许有侮辱学生人格尊严的内容。在这方面，魏书生老师做得非常好，在他的班规中，用罚写"说明书"、罚唱歌、罚给班集体做一件好事等规定代替了冷冰冰的罚写"检查书"、扣个人量化分、罚劳动等做法，这样，既有教育警示作用，又充分人性化，值得大家学习。当然，写说明书也不要写得太多，不能成为变相体罚。比如说，魏书生也有考虑不当的地方：对吃瓜子者加倍处罚，扔到地上一颗瓜子皮，写 1000 字的说明书；再看衣袋里，每发现一颗加写 100 字的说明书。算算看，如果学生带了一袋瓜子，那么该学生要写（$1000+100 \times n$）字，100 颗就是 11000 字，学生要花多少时间写这么多字呢？所以，任何一种方法都要适度，否则过犹不及，适得其反。

建立可行性班级制度

制定的条例要从实际出发有可实行性，不能实行的没有制定的必要。因为有的可能会损害班级制度，带来负面影响，有的相反，因此要具体情况具体分析，灵活运用。

建立具有宽恕性的班级制度

学生集体作为一个经验不足、年轻的群体，犯错误是正常的。班级制度应该给他们不断犯错的空间和时间，逐渐少犯错、不犯错。其实，制度制定不是让同学不犯错误，而是在于引导学生认识错误和改正错误。因此，班级制度的建立要有宽容的一面。给学生改正错误的机会，减轻犯错误之后的紧张感，这样才能达到长期的教育目的。

协调好制度中层次性与全面性的关系

制度内容要根据班集体建设发展的实际需要制定，具有层次性。什么叫层次性？对不同阶段的班集体要提出不同层次的要求，让它符合不同阶段学生的身心特征和年龄特征及发展规律。班集体组建过程中，班级只是一个群体，此时秩序最重要，因此，纪律制度、卫生制度是最重要的。班集体初具规模时期，班级骨干力量已较重要，哪些学生可以成为班干部，哪些学生是班级中的积极分子，班主任已心中有数。这时，可以开始建立班级岗位责任制度、监督评价制度和奖惩制度等。随着班集体建设的发展，除了这些基本制度之外，还可以根据班级工作中出现的一些特殊情况制定一些特殊的制度和规范。一方面要将集体制度全面化，另一方面不要定太多，每项制度大约5～10个条目较好。比如，某小学班级在进校、升旗、两操、课堂、作业、课外活动、生活等制度方面分别提出了十项要求：

一、注意仪表，带齐用品，进校向老师问好，同学相互问候。

二、参加升旗仪式，热爱祖国，唱国歌，敬礼，齐唱国歌，肃立致敬要做到。

三、认真做广播体操，动作规范，天天做眼保健操，保护视力。

四、按时进教室，认真听讲，勇于提问，虚心接受老师指导。

五、课间不大声喧哗，注意卫生，爱护公物，遵守公德。

六、认真学习，遵守纪律，按时预习复习。

七、仔细审题，遵守格式，不抄袭。字迹干净整洁，保证质量按时上交。

八、热爱科技文体活动，锻炼身体，提高素质，积极参加学校活动。思想觉悟要提高，班队活动少不了。

九、生活：爱惜粮食，节约水电，遵守纪律。服从管理加自理，遵守纪律觉悟高。

十、离校：参加值日，打扫卫生，关好门窗按时离校。过马路左右看，要走人行横道线。

以上 10 项制度共 40 个条规，全面简洁，通俗易懂，朗朗上口，好记可行。

班集体制度的执行策略

违反纪律是老师经常遇到的，怎样解决这些问题，引导学生形成良好的学习和生活习惯，是每一位老师要研究的主题。

第一，要因人而异，因材施教。例如实施"有限宽恕制"。"有限宽恕制"是基于班主任对学生自觉改正错误的充分信任，给学生以理解与尊重，对于学生的违纪行为在一定的限度内给予宽恕，即不予批评，不追究，不处罚，视同没有违反纪律的制度。许多教育家、心理学家通过对很多学生的观察得到这样一个结论，那就是典型班级管理中的 80∶15∶5 比例。在典型的班级管理中一般有三类学生：80％的学生很少违反规则，15％的学生会周期性地违反规则，5％的学生是长期的规则违反者，有时甚至会与这些规则作对。在实施"有限宽恕制"的过程中，对于以上三类学生应因人而异。对于一贯表现良好不经常违反纪律的学生，其轻微的违纪行为，如偶尔迟到一次、早操旷缺一次，班主任都给予宽恕，即不予批评、不追究、不处罚，视同没有违反纪律；这些学生不用班主任提醒，就会自行改正。不过如果发现不能自行改正，随着次数增多，也应该对其进行处罚。那些长期违反纪律的学生甚至已经形成了不良习惯的，教师就要与这类学生订立协议，在约定限度内违纪，教师给予其宽恕即不予批评、不追究、不处罚，视同没有违反纪律；达到学校警告以上处分的违纪行为不能约定，不在宽恕范围之内，超出约定范围的违纪行为不能宽恕。如：对于早晚自习迟到的，约定允许其在一周内迟到3次，每次不得超过5分钟，其他时间必须按时到教室参加早晚自习，第三周开始每周允许迟到由3次减为2次，第五周开始每周允许迟到2次减为1次，第六周以后取消；早锻炼迟到或者旷缺的，约定允许其一周内迟到或旷缺2次，什么时候迟到或旷缺由学生自己选择确定，一经确定不许更改，其他时间必须按时参加早锻炼，一个月以后每周允许旷缺2次减为1次，两个月后取消。对于其他经常性违纪的学生也采取这种做法。在运用的过程中应注意以下问题：第一，班主任要让其他同学理解，不能让其他受到处罚的学生感觉到不公平；第二，为避免其他学生受到影响，此制度实施的范围和违纪的限度必须严格限制；第三，学生违纪免责的行为、违纪的限度、限度递减的时间，必须明确，不可随意改动。

通过《中国青年报》的连续报道，案例中的学生在新班主任的影响下发生很大的变化，就是因为新任班主任老师对他的违纪行为持宽容态度。这位新任的班主任曾经对这位学生的家长说："孩子没有坏孩子，他有什么坏啊，不就是打闹吗？不就是淘气吗？男孩子天性就是这样，如果你把它当作一种品性的坏，他当然接受不了。"近代思想家卢梭曾这样说过，学生的行为若不会自身产生伤害和妨碍别人，成年人原则上不应干涉。对一些"非原则性小问题"可把握机会，事后宽限处理，不要像有的班主任严厉惩罚。制度是死的，关键是灵活运用，因此班集体制度不应当是老师对付学生的手段。班集体制度的制定是在维持班级的秩序，好好利用才能达到真正的教育目的。

其次，教师把自己作为教育榜样。要将班集体制度维持好，让学生彼此尊重。教师若要学生尊重别人，则自己一定先尊重学生，尊重每一个学生发展的需要，尊重每一个学生的选择。当学生危害到别人时，教师要进行制止、规劝，但教师给学生的榜样才是最重要的。曾做过一个简单试验，惩罚一个小男孩的好动，将男孩的一只手与他衣服的口袋绑在一起，让他感觉手失去自由的痛苦。然而这一天，苏霍姆林斯基把自己的手和口袋也绑了起来，陪伴着男孩。男孩经过这一次惩罚，认识了自己的错误，改正了缺点。其实，学生并不怕惩罚，而是害怕侮辱，两者的区别在于实施惩罚者心中是否有爱，是否让被惩罚者感觉到了爱。在爱的前提下，以不伤害学生自尊心为基点的惩罚是可行的。

第三，在执行上，教师要让学生参与其中。班集体制度是师生共同制定的，因此，学生不仅是班集体制度的制定者，更是班集体制度的执行者。在班集体制度的执行过程中，学生、班主任、任课老师、家长紧密结合，其中学生是管理的核心。

自己惩罚自己

为了保证班干部管理的公正性、正确性，我班又选举产生了"民主监督委员会"，如读书委员会、作业统计委员会、班级秘书、安全委员会、财务管理委员会、民意调查委员会、值日监管委员会等，对所有的班级管理人员进行监督，并做监督报告。讨论对"违犯者"如何处罚、处罚的方式和度、哪些是不正确的、班级下一步发展的计划和目标等。比如说，如果有的学生对人无礼，应在班上当礼仪先生（小姐）为大家服务；做了有损班级形象的事，应为班级做3~5件好事。又如，上自习课说话，第一次的惩罚有点严厉，大家觉得不对，应该放松，应给违反者机会，于是就作进一步改正。当天的事情当天处理，每天由值日班长在临放学前公布当天情况，进行总结，每周五班会时间由班长主持，相关管理人员对当周情况进行总结，交换意见，找出本周班级发展的缺点,讨论下周发展目标和计划,根据"规则"逐项落实,并由有关"委员会"告诉给班主任和家长。人人参与"监督",让每一个学生都是班级管理者,人人都有一种光荣感、责任感、成就感。这样,学生们充分地感受到班级是一个民有、民治、民享的民主集体,感觉到自己是班级的主人,从而提高学生的自我约束,自我管理。

自己选择惩罚方式

班主任要及时纠正学生的思想和行为上的错误。如何改正学生的错误对班主任来说是一门工作艺术。其实,我们认为,空洞的说教不能感动学生的灵魂;讽刺挖苦只能伤害学生的心灵;放任自流只能让学生的错误越陷越深。为了尊重学生犯错的权利,用"行动"而不是用"语言"来改正错误,我们大胆设计了"'出错罚单'自己开"的纠错模式,让学生自己选择改错的方式,即自己给自己开"罚单"。可供学生选择的处理办法除去上面提到的几种外,还有如"认真听讲一节课"、"讲一个伟人故事"、"背一段名人名言"、"讲一下父母的辛劳"、"说说同学的优点"、"唱一首校园歌曲"和"写200字以上的说明"等20多种,处理办法不得重复使用。学生自选处理办法,充分显示了人性化教育。这样既让学生认识到自身的错误,获得了改正的机会,又使学生在宽松、愉悦的氛围中改正错误,促进了学生身心的发展。

通过以上管理办法的施行,我班的班风明显好于其他班,学习、劳动等各项活动主动性很高,违纪现象越来越少,学校其他各班纷纷效仿,为学校班级管理开拓了一个崭新的局面。

任何一种组织都存在着潜规则,潜规则也就是我们潜意识中自然形成的一种大众都遵守的规则,这种规则的约束有时会高于正式规则,不懂或不愿遵守的人会受到排挤与惩罚。然而潜规则也有积极与消极之分,是多元化的,可以分三类。

第一,创造和支持良好的班级舆论。班级舆论是班集体认同的潜规则，具有一定的影响力和号召力。对学生的思想、情感、态度和行为产生一种潜移默化的影响。怎样制造一个健康的班级舆论呢？第一，选拔和培养一批优秀的班干部。作为培育健康班级舆论的中坚力量，这些班干部要是非观念强、有责任感，这些学生本身就具有一定的影响力和号召力，通过言行来影响别人，帮助别人，敢于与不好的风气斗争。有了这样一批敢抓真管的班干部，班主任的想法才能在班级得到实施，才能形成健康的班级舆论。第二，积极引导班集体中的小团体。在班集体中，"小团体"常常能左右或影响全班。因此，班主任要善于鼓励并培养团体中的核心人物并将其吸收进班委会，当然对反面的榜样与中心人物，则加以管理。另外，班主任要有意识地将那些处于"双差"地位的学生，引导到适合他们兴趣的有益的"小团体"中，并鼓励品学兼优的学生在"小团体"中发挥榜样作用。那么，这些"小团体"的"集体意识"必定成为班级舆论的有益补充，对班级正确舆论的形成起到重要作用。最后，充分利用班会、班刊、黑板报、标语、口号等阵地或手段公开宣传，或通过主题活动引导提高学生辨别是非的能力，增强其说服力，能够被同学真正认可。

第二，疏导或遏制消极的风气。比如，一位成绩较差的学生，上课积极举手发言，却在课后受到其他同学的嘲笑，从此上课沉默不语——因为潜规则：只有成绩好的学生才有资格发言；一位同学被另一位同学打了，于是找机会报复，当老师担心他们冤冤相报何时了，分别找他们谈话时，却得知不会再发生纠纷了——因为潜规则：各打一次，扯平了。这些消极的潜规则会影响学生的规则意识：上课积极举手发言；同学之间应相互友爱，不得打架斗殴。对这类潜规则，班主任要做出正确处理。

第三，正确对待中性的潜规则。像告密这种中性的潜规则，既具有存在的合理性，又有被世俗排斥的不合情性，班主任要注意适当运用。下面将以告密行为为例，探讨一下怎样引导班集体潜规则。

在班级管理中，告密与民主气氛并不是完全对立的两种潜规则，事实上，它们通过适当的引导和规范是可以共存的。在班级内，我们可以创建一套确保所有学生的正当利益不受侵犯、又能使学生对班级管理及时指正的规范，让他们弄清楚什么才是正确的揭发问题，这样做也有利于培养学生的社会责任感、公民意识和自主管理的意识。这种告密规范必须符合以下几点：（1）告密的出发点是为了教育学生，阻止不良问题的恶化；（2）告密者必须掌握有力的证据能够让被告学生知道自己的错误；（3）告密者知道不好的行为可能导致班级或个人严重的后果；（4）告密者要对自己的告密行为负责，不得诬告和中伤他人；（5）对正当的告密，要给予告密者合理的奖励。

当然，对于愿意揭发班级或个人问题情况的学生，教师要保证他们不会因为正当的告密而受到责罚，还一定要让学生清楚他们所告发的行为其实是不好的，而告发那些不好的行为则是一种责任心的体现，是一种帮助他人、教育他人的可取行为。

第五章　班级文化的建设

概　述

　　人们都生活在一定的文化氛围内并受其影响。中小学生多是年轻没有经验的个体，在社会化和个性化发展的过程中，需要建立属于自己的文化个性，需要拥有归属群体的文化认同。班集体是学生学习、生活的地方，班集体文化对于学生的文化定向、文化发展、文化转型等都具有很重要的影响，对促进学生发展教育是非常重要的。同时，班集体文化也是学校文化的组成之一，对于学校文化的形成、发展有很大的作用。

　　从文化载体来看，班集体文化是由物质文化、制度文化、行为文化和精神文化组成。物质文化包括班集体的空间构造、环境布置、教学设施、日常用品等，是班集体文化的基础；制度文化包括班集体的规章制度、行为规范、潜在规则等，是班集体文化的保障；行为文化是指班集体成员在行为、活动中所表现出来的文化特质、文化品格，是班集体文化的外在表现；精神文化则是指班集体中带有倾向性的思想观念、价值取向、道德情操、情感态度等，是班集体文化的内在拥有。这四者之间是相互渗透、相辅相成的。物质文化、制度文化和行为文化一定要有精神文化作为内在支撑，否则就会失去灵魂；而精神文化离开了前三者，便失去依托，失去意义。

　　从文化主体来看，班集体文化又包含集体文化和个体文化两部分。集体文化是班集体成员共同拥有、普遍认同的文化品性，如班集体的学习风气、教室环境、规章制度等。个体文化是班集体每一个成员身上所具有的独特、鲜明的文化特征,如有些学生喜欢写作,有些学生擅长运动,有些学生偏好艺术,等等。个体文化与集体文化并不一定完全重合,有时会相互疏离,但是,不能因此而否认他们的统一。班集体的个体文化不仅有助于学生个性成长,而且能够使集体文化良好发展。

从文化状态来看,班集体文化又包含显在文化和潜在文化两部分。显在文化是指已经被人们接受、了解、关注。潜在文化有两种形态:一种是还没有完全形成,如学生普遍开始表现出追星倾向、开始对网络产生兴趣等;另一种则是被主文化排斥,因此处于秘密、半秘密状态的文化,如拉帮结派、班级选秀、早恋等。这些文化不能被人关注,它的滋生和发展也不容易引起人们的注意,但是它的影响力是不容忽视的。因此,在班集体文化建设中,潜在文化的监控和调节是必不可少的。

班集体文化需要师生共同努力来建设。

班集体如何布置

班集体布置不仅仅是一个技术性的问题,还体现师生的观念和看法。并且直接决定班集体布置的功能、特征、风格和品位等,相较技术而言,更具决定性意义。因此,我们将重点探讨对班集体空间的认识及如何布置。

目前,我国中小学班集体空间主要包括两块:教室空间和宿舍空间。我们认为,这两块空间不仅是学生生活或学习的场所,而且还应该成为他们全面发展、幸福生活的地方。这一基本认识定位决定了在班集体空间布置中,要具备教育性、文化性、生活化和个性化。

具有教育性

班集体是一个教育人的集体,这是我国班级授课制的学校教育体制所决定的。班集体教育性必须是第一原则。

教育不是单纯教学，更不单指学习，虽然它与两者之间都有着紧密的联系。班集体作为一个教育空间，除了要求要有利于教学的教育活动的开展外，还要求它要有隐性的教育价值，促进学生德、智、体全面发展。因此，在教室里悬挂名人画像或者格言警句，张贴学生的作品或学习经验介绍，设置读书角、生物角等主题空间……营造健康向上的教室环境，让学生受到真的砥砺、善的熏染和美的陶冶。例如，魏书生在他的学校里要求全体学生都"做一个白颜色的桌罩，套在自己的桌子上"。桌罩除了能够保护课桌之外，还能让教室"显得整齐、干净"，"学生看着自己洁白的桌罩，也有一种美感"。学生不仅从中学会了美化身边的环境，学会了正确对待周围的事物，从中也受到教育。

班集体的布置要有助于学生全面发展，也要有助于全体学生的发展。现在，教室成了优秀学生的舞台，而成为落后学生的审判台。譬如，座位编排成了学生成绩的"晴雨表"，"学习园地"成了优秀学生的"自留地"，教室管理成了班干部的"一言堂"……难怪有些学生都有了"教室焦虑症"。虽然从促进的角度看，可以适当给优秀学生以更多的教室空间，但是要适度，要是让其他的同学对教室反感，是失去了本意，因此在教室空间布置上要针对全部学生的特点而设计。例如，下面这位班主任的做法就很值得我们学习。

如何让教室环境布置成为同学们关注的对象，让每面墙壁、每个板块都发挥出育人的功能呢？我陷入了沉思……

突然，一个大胆的念头跳出脑海：让教室成为同学的成长记录册！说干就干，我让每位同学自行设计一块长 35 厘米宽 28 厘米的小型展示板。形状、颜色自选，并可在适当的位置画上图案，也可贴上自己最喜欢的照片。还可给展示板取个好听的名字。

没过几天，同学们便各个喜气洋洋地举着展示板来了！看，心形、草莓形、篮球状、小兔状，形态各异；红的、黄的、绿的、蓝的，色彩缤纷；"蓓蕾初绽"、"金色童年"、"我的风采"、"浪花朵朵"，名称多样。

　　根据颜色、形状的不同，我和同学们一起，将每一块展示板认真地贴在了教室四周的墙壁上。然后我激情洋溢地对他们说："同学们，从现在起，你们每人都有了一块漂亮的展示板，它们就是展示你们风采的亮丽舞台。你们可以将自己最得意的书法、绘画、作文等成果贴到展示板上，与伙伴们一同分享成功的喜悦。让我们一起努力，比比谁的收获大！"回答我的是一张张充满自信的笑脸。

班　级

这种教室装饰让每个同学拥有了自己展示的舞台，从而鼓励学生在竞争中进步，达到教育目的。

具有文化性

教室、宿舍这样的空间不是一个冷冰冰的实物，而是要与精神、文化相结合在一起的。学校作为育人的地方，物态空间往往也具有育人价值，其文化浓度更要高于其他场所，苏霍姆林斯基曾说过的"我们应努力做到，使学校的墙壁也会说话"就是这个意思。班集体物态空间作为学校物态空间的重要构成，自然也应具有浓郁的文化气息和丰富的文化内涵。

换句话说，就是要引导学生以积极向上的内容来布置教室和宿舍。譬如，许多学生都喜欢在宿舍的墙壁或者教室的课桌上贴影视明星、体育明星的图片，但很多老师认为这是不好的，学生应该以英雄、伟人为榜样。其实，大多数明星的形象还是健康的，他们身上也有很多东西值得学生去学习。在文化多元的时代，学生以他们为偶像，用他们的图片来装饰学习和生活空间也没有什么不对。

文化，简言之，也就是"以文化人"。"化"不是强制灌输，而是渗透濡化、潜移默化。因此，班集体物态选择有教育意义的、有亲和力、容易被学生接受的方式来布置，只有这样，学生才会喜欢接受，达到教育目的。例如，一位小学班主任在秋天到来时是这样布置教室的：

在讲台对面的墙壁上，用落叶在墙壁上粘贴出一条弯弯曲曲的小路，并用落叶做成小鸟、蝴蝶、小房子、小船、小树等，贴在小路的周围，再用落叶剪贴出"金色的落叶"五个大字，呈弧状贴在图的上方。

画出只有秋天才成熟的庄稼、蔬菜和果树，如花生、玉米、棉花、南瓜、苹果树、柿子树等，粘贴在左右两边的墙壁上；选用花生壳、苹果籽、玉米种子等制作贴画，如用花生壳贴制成花草、树木，用草果籽贴制成昆虫等,并用各种各样的种子组成"丰收的田野"图案。

引领孩子们到大自然中欣赏菊花、桂花等在秋天开放的花,让孩子们把自己喜欢的花拍摄或画下来。用孩子们收集的花瓣组成"花的世界"图案,再将孩子们的拍摄作品和绘画作品贴在该图案的四周。

这样的布置很有意思,完全适合小学生的特征,进而帮助学生学习知识,也能激发学习自然的兴趣,达到教育目的。

具有生活性

学生的大部分时间都在班集体中度过,因此,教室和宿舍不仅是学生们学习的地方,也是生活的地方。在这里,不仅要学文化、学交际等,也要幸福地生活。

宿舍是学生生活的地方,老师往往给学生足够的自主权。但在教室老师就会忽略这一点,更多的认为这里是学习的地方,而忽略其也是生活的地方。对生活因素考虑较少,甚至根本不考虑。例如,教室拥挤得连学生上讲台都得"跋山涉水,翻山越岭","追逐打闹行为"更是"杜绝了",在这样的教室根本不可能舒适。

要让班集体物态空间适宜学生生活,以下几个关键词必须予以关注。

1. 班集体空间布置要安全第一。如不能随意改变教室或宿舍的建筑结构,门窗、桌椅、床具、橱柜等要坚固耐用,水电、消防设施要注意保护,室内悬挂物要牢固,室内通道要畅通无阻,等等。

2. 班集体空间布置要适于身体健康成长。如在教室和宿舍空间布置中,保持良好的采光、照明、通风,宿舍床具安排不宜过密,基本的卫生设施要配齐。根据学生的身高适时调整课桌椅的高度,不能只追求美观而损坏身体。

3. 班集体的空间布置要舒适,尽量做到整洁、美观,富有生活情趣。宿舍是学生在校期间主要的生活地方,在布置时要讲求舒适,以便学生能休息好、生活好。在教室空间布置上，我们可以效仿发达国家的做法，如在教室里设置一些橱柜，提供给学生使用；在教室里开辟出一块空间，铺上地毯，放上棉垫，让学生在其间游戏、交流或读书；提供一些基本的生活用品，如饮水机、镜子、纸巾等等。

具备个性化

班集体的空间是属于集体的空间，应该由班集体来支配，但是目前，大多数学校和班主任都对教室和宿舍的空间布置做出了比较严格的规定。如：宿舍的床具如何摆设，日常用品如何归置，甚至是被子如何叠，鞋子如何放，枕头摆哪边……都有详细的规定；教室课桌椅如何摆放，墙面如何布置，甚至班训的字体、大小，窗帘的颜色、式样……也有铁定的"规矩"。"没有规矩，不成方圆"，这样的班集体就失去了它的本意和情趣。

学校和班主任的强加干涉，又因审美不同，让学生很难感兴趣。因此让学生待在自己不喜欢的教室和宿舍里，很难激发学生的学习兴趣和生活热情，对学生起不到积极的作用。因此，在班集体物态空间，特别是学生的个人空间布置中，学校和班主任老师要给学生很大的权利，让学生按自己的想法来设计，只要不违备原则，学校和老师就不要多加干涉。学生作为一个个体在不同时期审美不同。

树立好的班集体形象

班集体形象塑造并不是为了摆设，班集体形象不仅包括外在的标志性形象，如班名、班训、班徽、班旗、班歌等，也包括内在的品质性形象，如班风、学风、学生精神状态等。在塑造班集体形象时，一定要保持标志性形象和品质性形象的一致性。只有标志性形象很好地表达出形象意义，品质性形象完美地显示标志性形象的内在精神，班集体形象才有可能成为一个完整有用的整体，才有可能被学生接受，才有可能发挥凝聚精神共识、促进学生发展、建立合作团队的功能。因此，在班集体形象塑造时，我们特别要注意不能做表面文章，而要注重内在，注重学生对形象的理解、内化和自觉地维护。为此，我们要做到以下四点。

班集体形象设计要同学为主，老师为辅，与时俱进

以学生为主体的班集体，老师只是一个平等的首席。其主要体现在，学生在发展过程中需要老师的引导。因此班级形象设计需要老师参加和指导，这样班集体形象才能完善、成熟。但是，班集体形象只是学生一段时间内的发展目标，而不是人生目标，更不是价值目标。因此，班集体形象就不能太脱离学生，而是以学生的思路为主导，老师进行协助，这样设计的形象才能更符合学生的要求。

当然，以学生、特别是小学低年级学生为主设计出来的班集体形象一般都显得比较简单、直白，甚至十分幼稚，许多班主任因此不用学生而是自己动手。但这种行为不被同学接受，甚至会反感。老师不能按自己的要求做，而是要用学生的眼光来设计。

因为儿童的审美和大人完全不同，在班集体形象设计中，班主任认为是平淡无奇，在学生那儿可能就是明白易懂；班主任认为是花里胡哨，在学生那儿可能就是五彩缤纷；班主任认为是荒诞不经，在学生那儿可能就是奇思妙想……而儿童的设计就应该是充满童心、童趣的。相反，如果儿童设计出来的太老气，倒是应引起老师的注意和反思。

班集体形象宣传要注意方法

宣传的两个目的：一是让班级全体学生真正了解班集体形象，二是让班集体形象引起他人的关注，如整个学校和社会。其中，前一个目的是主要目的。班集体形象宣传要讲求方法，力求取得事半功倍的

结果。

宣传的时机可以灵活掌握。宣传并不是一定非要等到班集体形象系统形成之后才开始，在设计的过程中，学生讨论、争辩、修改也是很好的宣传。因为在设计中始终贯穿着学生对班集体形象形式和内容的思考、表达、辩护及提炼，班集体形象设计参与过程也就是学生对它初步理解、认同的过程。此外，学校开展的各种竞赛、活动、展示、交流，校外组织的各种社区服务、社会实践、参观考察等，都可以成为对外宣传、展示班集体形象的舞台。再有班集体形象内部宣传的时机更为丰富，班会晨会、考试动员、活动总结，甚至是班级出现某种不良的风气，班集体建设遭遇到重大的挫折等，都是班集体形象宣传的很好机会。宣传的时间可以灵活把握。

宣传的方式也应该不拘一格，视具体情况而定。通常，对内，我们可以通过含义诠释内化、主题活动强化、日常教育濡化等方式进行宣传；对外，我们则可以通过书面材料、集体活动、班级交流等方式进行宣传。当然，采取不常用的方法宣传往往取得意想不到的效果，也是一种很好的选择。我们不妨来看以下一则案例：

学生们自行选举本班"吉祥物"、设计班徽、制定班训，借此激发大家的集体荣誉感和上进心。15 日，挂在江汉区华中里小学每个班门口的"班级名片"引起了记者的注意。

该校教师介绍，这些"班级名片"都是各班学生自行设计的。大家集体讨论选出本班"吉祥物"，利用"吉祥物"的形象设计班徽，并根据其象征意义提炼本班班训；老师再有针对性地提出"教师寄语"，并将这些内容共同浓缩在一张"班级名片"上。"吉祥物"的卡通形象造型可爱，班训寓意深刻，易于被学生接受，对激励他们健康成长有着积极的意义。

将班训、班徽、班级吉祥物、教师寄语等写在一张卡片上，作为一种集体的宣传方法把"班级名片"挂在教室门口，既可提醒本班学生注意，又可广泛对外宣传。这种宣传方式可谓一举数得，益处多多。

班集体形象打造要讲求实效

班集体形象在本质上讲是一种价值指向，是一个目标体系。它既是班集体的追求方向，更是班集体中每一个成员的发展目标。宣传主要是为了让师生更加了解班集体形象，取得思想上的共识和情感上的认同，获得目标追求的原动力。在此基础上，还需要通过各种行动，以达成并维持班集体形象。最终将其转化成现实。

班集体形象作为外在的行动准则和内在的精神表征，既有具体的发展要求，也有长期的发展目标。譬如，有个班集体的班训是"一勤二公，适应社会"，班主任将其陈述为："做人其实很简单，一是勤奋二是为公。勤奋让人自信与充实；为公会使人加倍地尊重你。"这一班训是一种行为准则，也是一种精神境界（养成自信的心理品质，学会尊重他人的劳动成果）。同时，这一班训还兼顾了班集体近期发展目标（一勤二公）和远期发展目标（适应社会）。

班集体形象第一原则讲求实效。也就是说，作为一种总体发展目标，班集体形象都要高于班集体和学生的实际水平。如果形象打造不讲求实效，就会成为一个空壳！要实现班集体形象长远目标，需要合理确立目标阶梯，拾阶而上，逐步达成，不可急于求成。讲求实效还要处理好作为塑造与精神养成之间的关系，不能离开行为塑造而空谈精神养成，而应在行为训练中提高精神境界。例如，"养天地正气，法古今完人"是一个不错的班集体形象设计，在形象打造中，就要引导学生养成正义、勤朴、自强、乐施等良好的行为习惯，就要引导学生熟悉并学习一些"古今完人"的精神和事迹，并自觉以之为榜样。"习惯成自然"，在不断的行为实践中，学生自然便取得了精神上的提高。

如果离开了这些具体的行为训练，"天地正气"便无从养起，"古今完人"也只能是一个虚无缥缈的东西。

班集体形象转型要循序渐进

班集体形象是班集体的精神核心。以往班级形象往往是一成不变的。这是不对的，班级形象要随着社会变化、教育发展、师生观点的变化而变化。尤其是小学生，其发展变化很快，小学的班级形象不适合高年级，因此，班级形象要适时调整。

班级形象变化是要在温和平稳的过程中过渡，不是急速变化。由于小学生心理素质较弱，班级形象转变要求平和，尽量避免给学生带来伤害。尤其在转型前充分掌握学生的心理必要性和可行性。同时也要让同学参与到新形象的设计中来。让学生尽快接受新形象；在新旧互换过程中不要急于求成，也不要拖拖拉拉。在班集体转型后，立刻建立新形象，让其成为班集体的风向标。

班集体的不同文化

班集体文化远远强于亚文化，因此很容易忽略亚文化。事实上，在看似不居主要地位的班集体亚文化中，含有极为丰富的教育资源和教育机缘，好的老师往往会发现、了解和引导它，兴利除弊，因势利导，让它对班级起到推动作用。

班集体亚文化的建立需要师生共同进行，但是，师生之间的基础是不同的，无论在文化视野还是在文化阅历上，班主任都占有主导地位。因此，在班集体亚文化建立中，老师是主体，承担主要责任。

理性调整

事实证明，在文化的花圃里，百花齐放远胜于一枝独秀。"流水不腐，户枢不蠹"，也说明文化在交流和竞争中充满活力。强制执行是能让某种文化占主导地位，但它却缺少向心力，一旦外压的权力消失，它也就失去了意义，从而导致文化散乱和行为失去规范。

集体主义占主导时，我们都认为，即在班集体文化建设中，所有人都应该自觉自愿地和班集体主文化统合起来，甚至改变自我文化认识，尤其是与集体文化不同的部分。而在现在的主体性教育的背景下，人们已经知道学生虽然是集体中一员，但也是有独立思考和选择的个体。他们在这种多文化的文化氛围里，可以保留自己的观点。班集体亚文化因此有了它存在的空间。

文化迅速变化的时代，师生之间经常存在分歧。而班集体亚文化又多是典型青少年文化，老师不能接受，因此很多老师就采用强制手段来打压。但是，班级文化成立毕竟不是老师的个人行为，它要求老师以学生的立场来考虑和社会立场寻找到一种平衡。因此，在班级文化中，老师不要感情用事，要多加认识各种文化所处的环境及学生的需要，正确认识辅助文化存在的意义。用正确的态度接受它，让各种文化在班级里竞争存在，而使班级文化充满活力。

全面动态掌握

充分了解、掌握班级的辅助文化的发展情况，做到取其精华，去其糟粕，正确指引。例如一位名叫李爽的班主任在接到家长关于学生沉湎于动画片、漫画书的"投诉"之后，决定"先来观测风向"，于是"布置了一篇半命题作文：我最喜欢的……"，并暗示学生说可以写动画片。结果，"作文本收上来了，果然有许多篇涉及卡通的文章"。接下来的几天，班主任又"格外注意到学生们的文具，上面是各式各样的卡通造型，就连课本上也贴了很多卡通贴画"。通过这种方式，老师对卡通非常了解，从而引导学生正确运用。

而在班集体亚文化的探索中，老师要独具慧眼，全面掌握。

第一，要充分掌握好的亚文化。亚文化的种类多，潜伏性强，只有充分了解，才能尽可能地掌握全面而不被忽略。第二，全面掌握亚文化。没有一种文化可以单独用好的、坏的来衡量，都应采取一分为二的态度，不要极端。

班集体亚文化具有流变性的特点，它的变化速度快，种类多，因此要正确全面掌握亚文化。

扬长避短，取精去糟

保持文化多元和宽容，并不是让班主任可以放弃班集体文化建设的责任，让各种班集体文化遵循丛林法则去弱肉强食、自生自灭。学生毕竟不是成熟的文化个体，有限的文化视野和稚嫩的文化理性决定了他们是"限制自由"的文化主体，需要以班主任为主体的班集体文化建设者的引领和帮助。

班集体多元文化是建立在核心价值观基础上的。核心价值观是指社会普遍认可的基本价值观念和行为准则，代表了社会成员的共识和默契，是一个社会得以形成和发展的基石。班主任作为班集体文化建设的参与者，又是社会文化的代言人；这就要求老师了解学生的文化心理，尊重学生的文化选择，又要"出乎其外"，发扬核心价值理念，引导青少年积极认同社会主体文化。

正确理解文化宽容。辅助文化作为班级里不完善的文化，有好有坏，在班集体中，老师指导孩子，不要被那些不好的辅助文化影响。如宣扬色情、暴力等的垃圾文化，班主任应该坚决杜绝；有好多辅助文化是好坏掺杂在一起的，如追星文化、网络文化、短信文化等，对于这些，老师帮助学生进行选择，取精华去糟粕。比如，李爽老师对学生中流行的卡通风有了充分了解之后，"没有采取强制性制止的措施"，而是"提议班委会组织了一场主题为'卡通是否可以看'的辩论会"。辩论之后，学生"最后统一思想，达成共识，针对卡通要'取其精华，去其糟粕，合理安排，学业为主'"，达到了自我教育的目的。

积极主动构建

在班级文化形成中，有两方面：文体文化的形成和辅助文化的规范。也就是说主体文化是好的，促其产生；辅助文化是不好的，加强控制。主体文化是否都是好的先不说，片面地否认辅助文化是不公平的。正像上面所说的，辅助文化也有它的价值，在班集中起着重要作用，除了被规范外，也要支持构建。

建立班级文化，一方面是班级文化自身价值决定的，也是班级文化形成的需要。事实表明，主体文化和辅助文化的对立，会引起班内混乱。而重视亚文化并参与主体文化共同被建立发展，会有效地缓和班集体亚文化群体的敌对情绪，为他们主动悦纳班集体主文化打下基础。同时，在班集体辅助文化形成的过程中，班主任还可以采用一些目标措施，如：有意识地培植一些与班集体主文化性质相近、形式不同的亚文化，形成一个同质文化群落；在班集体主文化与亚文化之间建构桥梁性的亚文化，为主文化与亚文化之间的沟通和对话创造条件，等等。这些措施有利于班集体文化建设。李爽老师不仅引导学生正确认识"卡通风"的好坏，而且还积极发挥他的教育功能，"爱看卡通的孩子中还有几个爱屋及乌地迷上了画画，在我的建议下，班宣传小组吸收了他们，让他们把特长充分发挥出来，并设专栏为他们举办卡通画展"。这就使有用的辅助文化得到合理利用并促使其良好发展。

班集体消极言论如何对待

面对消极班集体舆论，班主任有三种方法。一是不闻不问，任其自生自灭。这种方法会让一些负面的东西有发展的机会，进而造成不良影响。二是强制执行，强行控制。这种方法看上去简单有效，但是会让学生反感，不利于班集体管理。三是因势利导，积极引导。这种方法才是切实可行的。能够调动他们的主动性和创造性，又能被学生接受。

消极班集体舆论的引导不只是对班集体内部舆论调控，又要与校园舆论、社会舆论等外部舆论环境的净化紧密相联。其中，老师对此加以诱导，尤其是班集体舆论建设。

人际关系的和谐

不和谐的人际关系通常会使人的心情不好，丧失信心，冷漠无情，甚至会有不高兴的事情发生。从而催生消极班集体舆论。因此，要建立一个轻松和谐的氛围，是消解消极班集体舆论的有效策略。

班集体人际关系包括两部分：即师生人际关系和学生人际关系。首先就师生人际关系而言。经常会存在一些冲突，师生之间因此而产生分歧。在学校里，往往老师会独断专行，对学生采取强迫式和打压式。这样让同学产生很大的抵触情绪。因此，老师要与学生平等相处，与学生经常沟通，出现分歧要采取宽容理解的态度，而不是强制性打压。

人际关系是学生群体中非常重要的。在现在的教育体制下，学生之间的关系就是竞争的关系，为了考试中的名次互相防备。学生之间很难融洽相处，有的只是竞争和防备。进而产生很多消极舆论。要搞好学生之间的人际关系，就要除了重视学习，还要重视学生的正确成长。在合理的竞争中和谐相处。

信息的及时沟通

不及时沟通，就会因一些不切实际的传言而造成师生之间的误会。这样很容易形成班集体的消极舆论。

因此要常互相沟通。在工作中，一方面老师要及时了解学生的看法，另一方面也要按时把学校和自己的想法传递给学生。保证及时沟通，这样才可以增强师生之间的信任。而老师也应该真心地和学生去交流沟通。推心置腹，在和谐的交流中实现信息的全面沟通和观点的深度融合。

师生间的沟通还要及时，让那些反面的言论没有产生的机会。事实胜于雄辩。如果不及时，就会让反面的言论有存在的机会，甚至被夸大，而引起不必要的恐慌。在班集体管理中，师生间应及时交流看法，特别是一些敏感事件和突发事件发生后，要以最快的时间告诉学生，保持信息沟通的快速、透明，不给谎言、流言和谣言存在的机会。

建立公正、透明的班集体事务处理系统

班集体事务作为公共事务直接与学生的切身利益和班集体的良性发展相关，是学生关注的对象。如果在班务处理中存在违规做法和不公正现象，会造成学生对班集体和老师之间的不信任，甚至产生抵触情绪，即影响了学生参加学校管理的积极性，又造成了班级的不团结。

班干部做事一定要公平合理，也要有合理的规定和程序。有的班主任喜欢在班集体管理中按自己的要求亲自处理班级事情。这样的做法虽然目的是好的，但是忽略学生的看法，自己说了算的这种行为学生会很反感，因此，在班务处理中，班主任应该由独断专行改为辅助学生来订立一套有效的规章制度，让班干部按规章制度来自己解决。为什么要建立规章制度呢？因为不是每个学生都能参加管理。为了防止有的人在管理过程中出现不公平、不透明而让其他学生产生反抗的态度。所以有效的规章制度是来制约管理者的。

如何对待班集体消极舆论源、舆论人和舆论圈

消极班集体舆论来源于舆论人和舆论圈并且被他们无限放大加速传播。因此，在班集体管理中，班主任要紧密注意消极舆论源、舆论人和舆论圈，对其进行正确的指导和控制。

学生的舆论来源于社会舆论、家庭舆论和学校舆论，这些主要来自于熟人群体（家庭成员、同学、朋友等）和大众传播媒介。班集体消极舆论源的控制需要政府、社会、家庭、学校和传媒一起配合，清除社会消极舆论，创造好的舆论环境。班主任应该尽力做好以下两件事：一是尽其所能控制班集体的消极舆论源；二是进行积极的舆论引导，提高学生的舆论"免疫力"。

　　那些"积极主动传播意见的人"被称为舆论人。在班级里，班主任对那些威望高、影响大的"刺头"很头痛，不是因为他们的道德品质、行为习惯和学习成绩差，而是因为他们头脑灵活，能言善辩，情商高，人缘好，具有亲和力和领袖气质……班级里这些消极舆论人，班主任应该善加利用，扬长避短，利用他们在班集体中的号召力，让他们在班级里起到积极作用。

　　什么是舆论圈呢？舆论圈是指有相同舆论兴趣、持一致观点看法的人所自动形成的舆论传播和交流群体，在班集体中，在消极舆论人周围，往往会形成一个个消极舆论圈，如悲观者舆论圈、厌学者舆论圈、偏激者舆论圈、不良习惯者舆论圈等等。对于这些消极舆论圈，班主任必须密切关注，深入分析，及早寻找对策，或阻断舆论源，或转化舆论人，或分化舆论群。尤其是，不论采取什么办法，都应遵循舆论引导、自发解散的原则，而强制打压不仅不会成功，而且还有可能因为外在压力及危机让他们更团结，最终不能达到教育的目的。

第六章　班级的主题活动设计

概　论

赞科夫曾经说过："儿童的全面发展在孤独和隔离中是不可能的，只有在具体的内容丰富而形式多样的活动中才有可能。"班集体是一个由学生组成的集体，要有多姿多彩的活动，通过活动来告诉学生怎么做人、怎么学习。因此，开展集体活动，不仅可以促进个人进步，也有利于老师发展学生综合能力，达到教育目的。

班级管理人员根据一定的教育指标，组织所有同学举行班集体活动。老师要参与指导，把握方向，关心学生需要及发展过程。

按照活动设计、活动准备、开展活动和总结工作的顺序，有步骤地进行该主题活动。内容要广，可分为德育活动、智育活动、体育活动、美育活动和劳动教育活动。在具体活动中，目标不可单一，要有综合性，才有利于学生全面发展。活动要多样性：讨论式、报告式、竞赛式、表演式、游戏式、参观式和课题式等，活动的形式与内容要组合在一起，要有创造性和趣味性。

总的来说，好的集体活动可以提高集体人员的素养，也能促进集体发展。马卡连柯曾说过这样一句话："教育了集体，团结了集体，加强了集体之后，集体自身就能成为很大的教育力量。"

"书香班级"活动设计

建立良好的阅读习惯

了解阅读对学生成长有很广的意义，因此老师要带领学生大量阅读，培养阅读习惯，并且要告诉同学如何阅读、如何选择读物，并且组织同学之间交流。

指导学生阅读，推荐读物和指导课外阅读是重点。

1. 努力推荐书目

推荐书籍是班主任面对的关键问题。老师推荐书籍要坚持两个原则。要选择适合学生阅读、培养素质的经典性作品。这是学生基本素养形成的保证。要让学生读原汁原味的作品，可以用"注评析导"的方式解决学生阅读过程中的问题。学生阅读经典名著时，既要学习其精髓，又要会鉴别鉴赏。对前沿性作品，教师要细心挑选，细心选择并引导学生在把握时代发展的同时也不会迷失方向。

2. 怎样引发阅读兴趣

班主任指导课外读物，激发学生读书兴趣是一项重要任务。经典名著或前沿性作品，学生有可能会不感兴趣，可是这类书却可以提高学生素质。班主任就要想办法调动学生的阅读兴趣。如：向学生讲清作品的价值意义、介绍作品中的精彩片段、整体或部分地评价作品等。

3. 如何指导阅读

班主任要指导学生阅读，激发学生阅读兴趣。在指导时，教师最好以作品的情况和学生的实际为基础来选择重要部分向学生讲写作背景、作者情况、作品中的疑难问题、阅读时应注意的问题、阅读时可运用的方法等。同时，老师要对学生在阅读中提出的问题给予指导和解决。

阅读中要相互交流

班主任要鼓励学生选择自己喜欢的课外读物，不要强加干涉，而让学生们阅读、交流。这样做有什么好处？利用儿童之间的相互沟通，让他们在交流中讨论、争辩，总结经验，激发学生阅读积极性。阅读心理学研究表明，阅读动机对阅读有很大影响；没有阅读动机也不会去阅读。在组织指导学生阅读时，老师不要总是评价学生。这样才能消除学生害怕的想法，勇于去挑战新作品，从而养成阅读习惯。因为老师过多的评价容易让学生产生恐惧心理，害怕自己不行而不敢阅读。

如何让学生能读很多书？"读书漂流"是一种既节约金钱、又能最大程度发挥书籍效用的有效途径。所谓"读书漂流"，就是书籍交换，班级内的书友队之间、班级与班级之间、年级与年级之间都可以进行"读书漂流"活动，还可通过举行"跳蚤书市"等活动，让同学们通过这种互换书籍学习而真正做到广读群书。

父母与孩子一起阅读

心理学家柯尔曼在研究中曾这样说过："在决定儿童的学习成就方面，家庭因素比学校因素更重要。"有研究表明，家里的读书环境对儿童读书有影响的四点是：家里阅读资料有多少；父母与孩子一起阅读的次数；父母对

书香班级

孩子的辅导和表扬多少；父母为孩子作榜样参加阅读如何。父母必须要陪孩子买书，阅读、辅导他们并与孩子们一起探讨。老师也应参与到家庭中来，真正做到家校合作一体，每周由老师与学生共同挑出两篇课外阅读，让学生回去和父母一起读或者建议读一本书，但要注意以下几点：（1）读的书要与年龄相一致。（2）课外读物要适合儿童阅读，幽默、想象力丰富，能引起儿童的兴趣。（3）程度上要适合儿童，智力、情感和语言能力有利于儿童学习口语。

大量进行网络阅读

作为丰富多彩的资源库，网络正在快速发展，并不断更新，老师应该怎样利用它呢？

网上阅读是一个非常好的方法，但老师要带动大家去网上阅读，确定阅读的内容、方向针对性搜索。选题时，班主任可以与相关科任老师讨论，结合课堂教学的内容来进行。譬如，结合《飞夺泸定桥》一文的教学，班主任和语文老师让学生们以"长征"为主题，上网进行材料搜集和阅读。学生在此基础下，根据自己的兴趣在互联网或校园局域网上搜索。有的学生对长征知道得比较全面，有的学生集中搜集长征中著名战役的资料，有的学生搜集大渡河、泸定桥的有关资料，有的学生搜集"飞夺泸定桥"的起因、经过、结果等相关资料，有的学生下载了飞夺泸定桥的有关照片和敌我双方伤亡的具体数据……学生在网上快速搜索，大量阅读，取得很多相关资料。因此轻松地解决了该文中难懂的问题。

关爱融入感受自然的活动

关于热爱自然和自然融为一体的主题教育。怎样才能让学生从小拥有一颗热爱自然生命的心呢？那就是走入大自然与大自然融为一体。在亲身经历中去领会所有生命的和平共存。只有学生自己体会到与大自然生物是紧密相连的，才能与他们和平共处，关爱他们。通过"体验自然"的活动，来帮助学生们融入自然，感受自然，认识自然，关爱生命。

通过游戏帮助孩子们了解自然，热爱自然

爱玩、爱闹是孩子们的本性，通过在自然界活动、做游戏来融入自然，了解自然。"寓教于乐"是让孩子们进入自然、了解自然的最好方法，通过玩耍，可以让他们自在地在大自然里激发出好奇心和热情，从而更融入自然，了解自然。下面建议几个游戏方法：

游戏一：

蒙上眼睛，让大家用心去体验大自然，去感觉去感受自然，用手去触摸，而不是只用眼睛去看。这样可以调动学生无穷的想象力，真正领悟自然。

我们生活中随处可见到很多树。可当我们闭上眼睛，用手去摸，用心去感受时，那么这棵树就会让你产生不同的感觉，你会觉得它不仅仅是一棵树，而是一个生命，让人亲近，让人不能忘怀。

游戏二：

在户外或野外。选出一种动物、植物或其他物品，想象自己就是它，然后用心去感受它、领悟它。比如空中飞舞的蒲公英，风中摆动的树叶，自由自在的松鼠，冬眠休息的黑熊……通过这种换位活动，让学生们真正地领会万物生灵的特性。

通过活动让学生亲身体验感受自然

五彩缤纷的大自然常给人无数的欢乐和美丽。走入自然会看到那无限的美丽。当然，走入自然并不只是为了玩，而是以教育为目的而组织活动。把大自然作为一个课堂，去体会，去领悟，去了解大自然。

"寓教于乐"是一个好的开始，引起学生们的兴趣是关键。（如：

教师可带领学生们围成圈玩"蝙蝠和蛾"的游戏。指定5名学生扮演"蛾"，老师或一名学生扮演"蝙蝠"。"蝙蝠"蒙住眼在圈内"飞翔"，靠"声呐"辨别"蛾"的位置。每次"蝙蝠"高喊"蝙蝠"，"蛾"们就必须回答"蛾"，"蝙蝠"再寻声去抓他们。）抓住这个关键，学生很快就会进入状态，也会积极参与表现自己。

通过游戏调动起了学生的兴趣后，再通过一些平和的活动让同学们去做更深层的体会，真正达到寓教于乐，即在游戏里获得真知。

人的内心是最敏感的。用心去体会大自然才是最真实的。即走入自然，亲自体验，那么感悟才会更深。

树可遮阳，美化环境，净化空气。做一个游戏："幻想自己是一棵树。"去体会它的成长过程，感悟它与自然界生灵的互动。通过这个活动可以让自我的胸襟开阔，热爱生命。同时也让同学们真正地热爱大自然，更深地领悟自然界的真谛！

张开想象的翅膀，拥抱大自然的美丽让人快乐无比

生活离不开的是快乐。拥有了快乐，才能调动起激情，才会引起求知的欲望。而面对学生那些求知的言语，老师要给予回应，因势利导，培养其爱好。同时老师也要帮助同学去寻找快乐，体会快乐，享受快乐。

春天，老师带领同学走入树林，去真实地感受，看那嫩枝发芽，看那小草拱出地面。夏天老师带同学冲向海滩，去探索海底的秘密，去感受海的力量。展开想象的翅膀在大自然里翱翔。

寻找源头

在各个领域走向全球化的今天，我们要热爱祖国，尊重文化，开阔视野，走向国际。

加里宁曾经这样说过："爱国主义教育是从深入认识自己的故乡开始的，家乡是看得见的祖国，祖国是扩大了的家乡。"爱家才爱国。因此学生的教育离不开乡土文化，离不开家乡教育，班主任要带领同学经常进行热爱祖国、热爱家乡的爱国教育活动。

鲁迅曾经告诉我们："越是民族的，越是世界的。"所以，教育学生们爱家乡爱祖国是非常重要的。

加里宁

寻找本土文化，开发本土资源

从自然景观、地方特产、传统民居、代表性的建筑等来寻找本土文化。丰富多彩的本土文化充实着人们的精神生活，丰富当地人民的劳动生活，也汇集着当地人民的情感、智慧和力量。因此，举办"爱我家乡"的主题活动，让同学们走进家乡，感悟家乡文化，热爱家乡，将本土文化融入到自己的生活。乡土历史资源的挖掘让同学们更加热爱生养自己的热土，体味历史与现实的紧密关系。而具有丰富地方文化色彩的地方方言、民歌童谣、民风民俗等本土资源，聚集了丰富的历史内涵，与人们的生活紧密相连。随着对家乡的深入了解，学生们会更爱自己的家乡。

寻找本土文化，凝聚学校资源

学校是学生们受教育的地方，老师可以根据学生的特点，对家乡文化展开各种各样的主题班会活动。班集体应在班主任的带领下展开家乡文化教育，并组织活动。如组织学生收集、阅读当地流传的革命斗争故事，带领学生到民间收集优秀的山歌，指导学生学唱民歌童谣，在继承传统的基础上创编游戏，邀请当地文化馆的歌剧团演出，等等。而且学会用方言同家乡人沟通，可以增进感情。了解民俗、民间文化等，使家乡文化被同学掌握并发展。建立相关网站，更多更广地了解家乡文化。

寻找本土文化，利用家庭资源

家庭对学生的成长起着至关重要的作用，家庭和学校要配合在一起举办寻根活动，学校要组织家长了解寻根活动，然后与学校配合。也可举办多种家长与孩子互动的活动，让孩子们在温馨的家庭环境下，不知不觉受到家乡的教育。如家庭可以组织学生与亲友共度家乡传统节日，了解节日的来历、传统；农忙时节，学生可亲自参加一般的农活，从中感受艰辛，知道劳动果实来得不容易，从而更加热爱家乡，尊重劳动；与家人一起拜访家乡的亲朋好友，了解乡情，真正使活动开拓得更宽更广。

寻找本土文化，调动社会资源

寻根活动除了学校组织，还要有社会的支持。班主任从组织管理方法、学生参加范围、认知情感表现形式这三个角度组织活动，然后让学生走出校门亲身体验。活动时可采用"一看、二听、三访、四写、五行"的"五字活动法"。一看：组织学生去现场参观、考察，让学生对家乡历史变迁、建设发展、人文景观等有初步的了解。二听：组织学生参加相关的专题讲座，使学生对教育主题内容更加深入了解。三访：组织学生开展采访活动。通过对家乡知名人士、企业名人、历史见证人等的采访，让学生更进一步了解家乡。四写：组织学生开展赞美家乡、歌颂祖国的活动。通过反思与自我教育，以"赞一句话"、"抒一首心歌"、"叙一个感人故事"等表达形式，让学生把自己在主题活动中所获得的真实感受，借助文字尽情地表达出来。五行：组织学生开展具体的行为实践活动，例如："我是社区小主人"、"我是合格小公民"等，帮学生将主题活动过程中获得的爱乡情感内化为学生自我的道德行为需要。

"电脑网络"活动设计

网络已成为青少年学习知识、交流思想和休闲娱乐的重要平台。网络犹如一把双刃剑，在促进社会发展的同时，正在影响着人类的生活，对学生加强网络教育的重要性不言而喻。

正确使用网络教育

互联网上有很多有害的信息，其危害是很大的，就像汽车有可能出车祸的危险一样，我们并没有因为可能出车祸而不使用汽车，或不发展汽车工业。因而我们不能因此不让学生上网，只是应当采取有效的管理措施，提高学生自我保护的意识。在学校，一方面把技术性管理与人为监控相结合，再一方面对学生进行知识和技能培养，另一方面加强学生文化素养教育，让学生养成对信息技术运用的责任感。

通过进行网络技术培训，多样式培训来提高老师应用网络信息的能力。在师生共同参与、彼此合作的情况下，网络才能不成为老师和家长的心病，而网络也能为学生提供多姿多彩的学习氛围，并成为学生发展的有力武器。

如何正确使用网络，这需要老师来指导学生。很多学生因不了解教育网络而不会利用，老师应该向学生推荐一些好的教育网站，并教他们如何搜索和下载资料。还要给学生推荐一些实用的软件，如 Photoshop、Flash、PowerPoint 等，让学生们在班级里通过交流来分享彼此的成果。同时也通过学习制作校园主页和班级网页来加强学校之间、班级之间的学习和交流。还要举行网络安全宣传活动。让学生不会被互联网上的色情、暴力、反动、迷信等内容污染。

正确进行网络心理教育

消除各种不利于青少年心理发展因素的关键在于心理健康教育。班主任可通过网上心理问题对学生定期进行分析，进而加以教育，让学生们拥有一个健康的心理。

这种网络的心理教育，固然会涉及到一些学生的个人隐私，而这些东西学生不想公开，那么老师就要遵守保密原则，不向任何人包括其他老师和家长透露。否则，就会失去学生对老师的信任。老师更不能把某个同学的心理问题作为反例来使用。

老师与家长就上网问题要彼此配合，家长不要强加干涉。强制性管理会起反作用。但是家长可以向网络建议通过运用网络屏蔽来阻止一些不好的网络。

积极推行健康的网上活动

网络是一个很大的资源库。网上有名师名校，可以在线学习答疑；网上有视听在线网站，可以在线看影视、听音乐；网上有各种娱乐动漫空间，可以放松心情；网上也有各种社区、论坛、博客、播客，可以自由发表言论，还可以主动参与管理，网络可以免费下载各种图书、音乐、软件，可以浏览世界各地的无限风光。总的来说，健康上网可以了解世界，得到无穷无尽的知识。

网上有可供下载使用的各种应用软件、驱动程序。网上的教育资源非常丰富，从幼儿教育到中小学网校、大学远程学历教育、自考、成人教育，各种层次都应有尽有。网上有学习方法、学习课件、习题资料、上课视频等资源，图文声像俱全，比传统教学更生动，网上学习可以提高学生自学能力。

网络是有很大价值，有顽强生命力的，对学生上网采取"围追堵截"的方法是绝对不对的，更不能有"网络恐惧症"，不要只看到网络不好的一面，而是要充分认识网络，善加利用好的一面。

第七章 主题设计与组织（一）
捍卫尊严

主题设计

1. 关键词点击

（1）**主题词：** 生命　尊严　自强　进步

（2）**名言录：**

★人必其自爱也，而后人爱诸；人必其自敬，而后人敬诸。

——（汉）扬雄

★自尊心是进步之母，自贱心是堕落之源，故自尊心不可无，自贱心不可有。

——邹韬奋

★如果不去加强并发展儿童的个人自尊感，就不能形成他的道德面貌。

——苏霍姆林斯基

★任何人都应该有自尊心、自信心、独立性，不然就是奴才。但自尊不是轻人，自信不是自满，独立不是孤独。

——徐特立

（3）**案例库：**

自强不息的徐悲鸿、不辱使命的晏婴、不领美国救济粮的朱自清等人的故事。

2. 活动设计

（1）**活动准备：** 挑选男女两位主持人，并对他们进行有关训练；

表演情景短剧、朗诵、演讲、"实话实说"的同学准备节目；收集有关"尊严"的经典事例和名言警句。

（2）**媒体撷英**：麦克风及音响一套、录音机、CD、多媒体。

（3）**课堂类型**：表演与讨论。

（4）**活动构想**：通过表演、朗读、讨论分析等形式，使学生认识到国家和个人的尊严就是自己的生命。

组织与实施

1. 目的认识

（1）**目的**：培养学生自尊心，提高自尊意识，维护国家尊严。

（2）**认识**：正确理解自尊自爱与虚荣、自尊自爱与自卑、自尊自爱与自负的不同，懂得虚心是自尊自爱的表现，并能正确地面对成功和失败。

2. 互动要点

（一）谈话导入

甲、乙：尊敬的各位领导、老师、同学们，大家下午好！

甲：生命是树，尊严就是根；

乙：生命是水，尊严就是流动；

甲：生命是雄鹰，尊严就是翱翔。

乙：真正的尊严，它所宣扬的是人的存在质量，而不仅仅是存在的形式。

甲：尊严是一面旗帜，它在人类灵魂的深处迎风飘扬。

乙：拥有尊严，人会高大；

甲：崇尚高大，尊严就会神圣。

甲、乙：初××班主题班会"捍卫自尊"现在开始。

甲：首先我们一起来看两个真实的事例：

第一：一个公司的职员听说，一位同事因为犯错而被解雇，其实是她犯的错。只要她不出声，公司也不知道。但是，在自尊的驱使之下，她不想对他的同事不公平。结果，她向公司承认了错误，她被开除了。两天之后，那个开除她的经理打电话给她，认为她在这件事上是一个很有勇气的人，公司不应该这样处理，可他没有办法改变这个决定，但他给她推荐了另一家公司。一个礼拜之后，她得到了这个新的工作，不但自尊得到了肯定，工资也比原来高。

第二：有位朋友的儿子，失业很长时间，终于遇到了一个工作机会，待遇相当好，但是他缺少一个学历背景。他的父亲就让他办一个假的，为此他与父亲争吵。他的父亲认为："你以后再也不会有这么好的机会！你想要踏入这个世界，你必须与自己的良心做一个让步妥协！"于是这个年轻人在良心谴责之下，接受了他父亲的提议。

通过谎言他得到了这份不错的工作，可是在这20年之内，他必须天天编造谎言来应付工作上的需要。因此给他带来无尽的烦恼，而堆积了一大堆问题。所以人缘极烂，而且发生很多不好的事，到了40岁，他因不堪忍受而自杀了。

乙：看完这两个故事，大家怎么想？（讨论）

甲：因此，我们每个人都应把自己的尊严当作自己的生命。

乙：在我国的宪法中，对尊严权有明确规定。第三十八条是这样说的："中华人民共和国公民的人格尊严不受侵犯，禁止用任何方法对公民进行侮辱、诽谤和诬告陷害。"

（二）真情表白

甲：接下来请大家一起来欣赏一个节目。

欣赏（1）：实话实说——关于"尊严"的对话（表演略）

乙：节目结束了，大家是不是想到更多的有关"自尊"的名人名言和名人故事，那就请大家举几个例子。

名人故事欣赏：不辱使命的晏婴、不领美国救济粮的朱自清等人的故事。

甲：同学们说了许多关于名人的事迹，他们自尊自爱，永垂史册。

乙：事实上我们身边也有很多这样令人感动的事迹，当然也有一些人还不能正确地理解自尊与虚荣、自尊与自卑、自尊与自负。所以我们一定要看清对错。

（三）思想碰撞

欣赏（2）：情景短剧

同学 A：期末考第一，你可以吗？

同学 B：期中我比李扬少了 3 分。

同学 A：这很正常，李扬学习认真，笔记清晰。

同学 B：我有办法了，偷走他的笔记，他就考不好。如果我第一，我请你吃麦当劳。

甲：同学 B 为什么要偷拿同学笔记？

学生答：因虚荣而妒忌。

乙：是妒忌，还是为自尊呢？

（学生讨论）

甲：让别人失败来成就自己的成功是妒忌。

乙：自己努力取得成功是自尊。

甲：接下来我们再来看一个故事（投影，学生朗读）

欣赏（3）：有两个表姐妹，姐姐长得没有妹妹漂亮，每当她们俩出门，妹妹总是引人注意，姐姐常常被忽略。被忽略的滋味让姐姐痛苦、自卑。她因为自卑就用挑剔、责怪妹妹来让自己心理平衡。因此，她就用各种不同的方法来讽刺伤害妹妹，然后自己躲开。

比如妹妹脸上长了疙瘩，她就说："哎呀，你这张脸可完了。"说完，还长长地叹口气，让妹妹陷入不安中。

她总是不停地提示妹妹这不好，那不足，让妹妹每天都很伤心。

乙：自卑到底会有什么危害呢？（学生发言略）

甲：同学们都知道鲁迅的一句话："儿子打老子，妈妈的!"让他笔下的无赖阿Q成为名人。

乙：这位具有"民族劣根性杰出的代表"让人尤其是中国人感到可悲可叹！

甲：下面就请大家研究一下这个问题：

阿Q挨了打却说"儿子打老子"的精神胜利法，将自己癞头疮疤当作高尚光荣符号，这种"自狂自尊癖"能称作自尊吗？（投影《阿Q正传》的精彩片段）

（讨论略）

乙：同学们，通过讨论，我们更加清楚地认识到：我们需要自尊，更需要唤起我们的民族自尊。

（四）情感升华

欣赏（4）：演讲《唤起我们的民族自尊》（略）

甲：自尊，不是虚荣；

乙：自尊，不是自负。

甲：自尊，是我们个人的生命；

乙：让我们每个中国人都去维护国家的尊严。

甲：让我们在伟大的国歌中再次体验我们中华民族的神圣尊严吧！

（奏国歌，齐唱国歌）

3. 活动链接

（1）**活动前链接**：在平时的生活中，同学们选出有代表性的、自己自尊受到伤害的例子，并查找关于自尊的事例。

（2）**活动后链接**：选择十多条有关"尊严"的名言警句，并记下来。

平时要亲历亲为地维护自己与国家的尊严。

班会评估

1. 自我评估

A. 预期评估：＿＿＿＿＿＿＿＿＿＿

＿＿＿＿＿＿＿＿＿＿

B. 实录评估：＿＿＿＿＿＿＿＿＿＿

＿＿＿＿＿＿＿＿＿＿

2. 反馈矫正 ＿＿＿＿＿＿＿＿＿＿

＿＿＿＿＿＿＿＿＿＿

延伸阅读

1. 关于"尊严"的名人名言

★人不可有傲气，但不可无傲骨。

——徐悲鸿

★我的确时时解剖别人，然而更多的是无情地解剖我自己。

——鲁　迅

★谦虚，如果是卑己而尊人，就非常要不得。谦虚应该建立在自尊而尊人上面。

——徐特立

★珍视思想的人，必然珍视自己的尊严。

——苏霍姆林斯基

★虽然尊严不是一种美德，却是许多美德之母。

——柯林斯托姆

★根本不该为取悦别人而使自己失敬于人。

——卢　梭

★生命的尊严正是超等价物的一切事物的基点。

——池田大作

★哪里有理性、智慧，哪里就有尊严。

——马丹·杜·加尔

★人的一切尊严，就在于思想。

——巴斯葛

★人的尊严可以用一句话来概括：即他的信念。……它比金钱、地位、权势，甚至比生命都更有价值。

——海卡尔

★不要让一个人去守卫他的尊严，而应让他的尊严来守卫他。

——爱默生

★生命的尊严是普遍的绝对的准则。生命的尊严是没有等价物的，是任何东西都不能代替的。

——池田大作

★擦地板和洗痰盂的工作和总统的职务一样，都有其尊严存在。

——尼克松

2. 与"自尊"有关的名人故事

（1）徐悲鸿：徐悲鸿留学欧洲时曾有过与童第周相似的经历，也受到过洋人的挑衅。那个洋人傲慢无礼地说："中国人天生愚昧，即便在天堂里学习，也是不可雕琢的朽木！"徐悲鸿听后异常愤怒，回应说："既如此，咱们就各自代表自己的祖国比一比，看看究竟谁是愚材，谁是人才！"时间仅仅过去一年，徐悲鸿的油画就如洋如潮，屡获大奖，个人画展，竟使整个巴黎美术界为之惊叹！这样令人瞩目的成就，岂是那个洋人所能企及的！

（2）清华人为朱自清先生感到自豪，他不仅是一位学者，更是一位爱国主义者。1926年的"三八"爱国游行运动就曾有他的身影；抗战胜利后，他率先呼吁倡导支持革命学者反帝反蒋斗争。

3. **实话实说**

有关“尊严”的对话

《东方时空》曾介绍过这样一位老人，他叫黄宣法，来自浙江。他以在山上种靛青为乐，对儿子赚得盆满钵满的钱财不眼红，不动心。

甲：他做人的尊严是以自己的手艺实现的。我回味“尊严”两字，感慨颇深。

乙：其实近几天我也在不停地思考“人的尊严”的问题。曾经不可一世的李真因获死刑而形容憔悴，犹如一具行尸走肉，完全没有了人的尊严，真是让人深思。

甲：一个人，没有什么比尊严更重要的了。

乙：是啊。一个人没有尊严，便不能称其为人，会被人所唾弃，那将是多么痛苦啊！

甲：我们经常不够重视“维护人的尊严”，这是一定要改正的。

乙：一个人的尊严不受侵犯，包含两方面内涵：社会对个人隐私等合法权益的维护以及个人对于自身尊严的维护。

甲：这两方面缺一不可。我认为，个人方面更为重要。要想获得别人的尊重，必须先尊重自己。

乙：是这样。平日我们对“尊严”并没有足够的重视。但它却非常重要，没有尊严，人便不能称其为人。如同失去了空气，人便失去了生命一样。

甲：没错。既然如此，我们一定要重视“尊严”，不能等闲视之！

4. **演讲**

民族自尊唤起的感受

尊敬的老师、亲爱的同学：

众所周知，人有人的尊严，民族也有民族的尊严。民族的自尊即是我们对祖国的深爱，对祖国的无私无畏的奉献精神。所以，为了国家与民族，一定要唤起民族的自尊！

我国有着悠久的爱国主义传统，自郑成功收复台湾至三元里人民的抗英斗争，自太平天国的烽烟至义和团的阵阵炮火；自五四运动的呐喊至抗日战争的最终胜利，就是在不断地与外国侵略者进行斗争的过程中，中国人民坚定地维护祖国神圣的尊严。

　　秋瑾是近代中国的一位女民主革命家。当她看到自己的国家即将遭受瓜分之祸，而成千上万的同胞依然处在沉睡之中，她准备用自己的鲜血来唤醒民众。她说："革命总是会流血的，中国妇女还不曾有先例，那就请从我秋瑾开始吧！"她就义的那一日，天空灰暗，乌云密布，秋风瑟瑟，满目凄凉。面对屠刀，当她饱蘸浓墨准备写绝命书时，想起列强的铁蹄践踏着祖国大好河山；腐朽的朝廷，卑躬屈膝；连年水旱，尸横遍野，这些是这一页能写下的吗？最终，她将满腔的爱恨、愤怒与悲痛都浓缩在七个大字上面："秋风秋雨愁煞人！"然后，她从容就义。正是："寄意寒星荃不察，我以我血荐轩辕。"

　　翻开历史，爱国之事例处处可见：屈原抱石投江，文天祥慷慨悲歌，陆放翁留诗示儿，谭嗣同面对死亡留诗"我自横刀向天笑，去留肝胆两昆仑"。多少中华儿女，为了祖国的强盛，为了民族的尊严，"肝胆涂中原，膏液润野草"，他们生为国魂，死为国殇。在国家民族处于危亡之际，献出自身的生命，真正做到了仰不愧天，俯不愧地，内不愧心！

　　同学们，中华民族是一个自尊而伟大的民族。自古以来，爱国主义传统，在改革开放今日，要继续将其继承发扬和光大，我们必须肩负起历史的重托。

　　祖国的贫穷与体制上的弊端是要面对，可更应看到建国以来我国所取得的辉煌成就。试问全球有哪个国家能够只用了世界7％的耕地面积却生产出了世界25％的粮食，养活了世界22％的人口。要清楚，这等于养活了欧亚和北美几十个国家。

　　爱国主义是自古以来累积起来的、对自己热爱的国家的一种最深厚的感情。身为炎黄子孙，同学们，我们应感到无比的自豪和尊严。

同学们，让我们珍惜这美好的时光吧！从自身做起，从现在做起，早日成为国家有用之材，报效国家，这样才能真正持久地拥有民族的强大和自尊！

第八章 主题设计与组织（二）
具备自信

主题设计

1. 关键词点击

（1）**主题词**：成功　基石　自信

（2）**名言录**：

★先相信自己，然后别人才会相信你。

——罗曼·罗兰

★只有满怀自信的人，才能在任何地方都怀有自信沉浸在生活当中，并实现自己的意志。

——高尔基

★自信是成功的第一秘诀。

——爱默生

★即使没有自信也无所谓，只要经常提醒自己要自信，久而久之，自信就会自然产生，越是希望别人来拯救你，奇迹越不会发生。

——马利盎·穆斯

（3）**案例库**：

身残志坚的张海迪及科学家爱迪生、牛顿、童第周、迈克尔·乔丹等人的故事。

2. 活动设计

（1）**活动准备**：录制《跳高架前》、《考试后》，制作投影片，安排学生准备《成功 ABC》小报展。

（2）**媒体撷英**：彩电、VCD、光盘、投影仪。

（3）**课堂类型**：表演、讲故事与讨论。

（4）**活动构想**：让学生认知自信对个人行动的积极支配作用，明确新世纪的青少年应建立起坚强的自信心。

组织与实施

1. 认识目的

（1）**目的**：让学生知道何为自信、何为自卑及这两种心理的主要表现。让学生明白自信在对学习、工作、生活中的重要性。让学生掌握如何走出自卑困扰及如何树立自信。

（2）**认识**：让学生对自信心的重要性有深刻的理解，并且坚持培养自信心，以迎接人生道路上的风风雨雨。

2. 互动要点

方案一

（一）导入

甲：学习成绩徘徊不前，你是否为此苦恼？

乙：不如别人，你是否为此哀怨？

甲：自信是远离苦恼的良药。

乙：自信是哀怨的消灭剂。

甲：自信能够成就成功。

乙：自信是挑战自我的助推器。

甲：自信满满，我们就能够说：

合："天生我材必有用。"

乙：下面我宣布××班主题班会"自信是成功的基石"（板书）拉开序幕了。

甲：我们首先探讨第一个问题：一、何为自信（板书）。请大家观看录像《跳高架前》。请大家讨论：同学甲在跳高架前的心理特征是怎样的？乙的心理特征是怎样的？丙的呢？

（同学发言）

乙：请班主任老师作总结性发言。

师：心理学认为，一定的心理特征支配着人的活动。甲认为自己能够完成跳高这一行为，继而制定目标，并为之努力，他的行为是受积极向上的心理特征支配的，此为自信；乙高估自己能够完成跳高这一行为，脱离实际制定目标，结果未能实现自己的目标，他的行为是自大高傲的心理状态支配，此为自负；丙认为自己没有能力完成跳高这一行为，因此不敢确定目标，此为自卑。所以，我们可以总结如下：

自信是一种积极乐观的心理品质，对自己要充分地相信，并不断地提高自己。（板书）

自负是一种自大狂妄的心理特征，高估自己，提出不切实际的要求。（板书）

自卑是一种低沉消极的心理特征，悲怨地轻视自己，从不勤奋地提高自己。（板书）

（二）认识的升华

甲：感谢××老师的发言，明白了自信的概念，我们接着探讨：

二、自信的表现与特征（板书）

乙：请诸位欣赏由本班同学排演的小品《考试后》录像。（播放《考试后》）

甲：好！现在请大家分析《考试后》所反映出的种种心态，并与本班的实际和自己所熟悉的人的情况相结合，谈谈自信的表现。

（同学发言）

乙：请老师为同学们刚才热烈的讨论予以总结。

师：同学们刚才讨论得如火如荼，也详细地总结出了自信与自卑的表现与特征。现在，我们列表做一下比较：

（投影，师生共同填表）

表一：自信与自卑的表现对照

类别 ＼ 项目	举止行为	情绪	待己	待人	待物
自信	开放、端庄、活泼	轻松	严格要求积极进取	坦诚虚心、大度乐于助人	有主见、勇敢、言行一致
自卑	封闭、拘谨	忧愁	消极悲观畏缩不前	埋怨、依赖	无主见、胆怯

表二：自信与自卑的特征、影响和结果比较

类别 ＼ 项目	类别特征	影响	结果
自信	坚信自己的能力，充分估计自我力量，不断提高自我	使不可能变为可能使可能变成现实	迈向成功
自卑	轻视自己的能力，总觉得自己不如别人，且无法赶上别人，从不努力发展自己	使可能变成不可能使不可能变得没有希望	逐步退缩

师：以上对比显示，自信与自卑给人带来的体验也是各异的。自信与自卑分别是个人对自己与消极的感受。需要注意的是，自信也不同于自负。自信与自负认识的分别是真实与夸张的自己。

甲：让我们以热烈的掌声，再次感谢××老师精辟的总结。

乙：接着我们讨论第三个问题：三、树立自信心对于取得成功的意义和作用（板书）

甲：美国作家爱迪生为什么说"自信是成功的第一秘诀"，我们或许能从几位成功者青少年时代的经历找到答案。

乙：欢迎×××同学（甲）。

甲：我向大家讲述"世界发明大王"爱迪生少年时代的故事。

（"发明大王"爱迪生的故事）

甲：谢谢×××同学，可以说，向上奋发的精神使爱迪生获得了巨大成就，现在欢迎×××同学（乙）。

乙：我向大家介绍"落榜秀才愤作《聊斋志异》"。

（讲述"落榜秀才愤作《聊斋志异》"）

甲：×××同学讲得十分出色。我们可以得出，自信使蒲松龄获得成功；努力使蒲松龄获得巨大成就。好，欢迎×××同学（丙）。

丙：大家对 NBA 迈克尔·乔丹都不陌生。但他是如何走向成功之路的却少有人知道。

（讲述篮球明星迈克尔·乔丹的故事）

甲：这个故事使我们认识到：相当一部分情况下，是自己打败了自己，自信满满，成功就在你面前。

乙：自信能使你不屈从于命运，能使你从第 100 次的跌倒中爬起来。现在欢迎×××同学（丁）。

丁：下面我来讲述我国著名数学家华罗庚的故事。

（讲述我国著名数学家华罗庚的故事）

甲：好，谢谢×××同学。华罗庚的故事让我们得出，困难像弹簧，你弱它就强。只有自信，不怕困难，才能走向成功；如果不自信，轻言放弃，无论如何是不能获得成功的。

乙：你的分析非常透彻。因为时间原因，今天的故事就到此为止。我有个想法，以《自信与名人》为主题策划一期墙报，让同学们畅所欲言：分享名人轶事，交流对自信的看法、理解。再次欢迎×××老师为我们作分析总结。

师：×××同学（主持人乙）的想法非常不错。班委会可以根据这个提议策划这期主题名为《自信与名人》的黑板报。刚才四位同学的故事讲得非常精彩，主持人的分析也非常深刻。毋庸置疑，一个人如果取得成功，必有毫不动摇的自信心。如达尔文、牛顿、居里夫人、童第周、徐悲鸿、刘翔甚至佛教大师鉴真和尚无一例外。大家耳熟能详的故事《愚公移山》，主人公能将山移走，其实并非他们有神助，而是依靠毫不动摇的信念，持续不断地努力实现的。事实上，我们身边的同学也不乏此案例，如×××同学英语成绩大幅提高，×××同学体育获得突飞猛进的进步等等。这些都说明自信的重要性。自信能够催人奋发向上，不断地朝着既定的目标努力前进。同时，它还具有强大的自我约束力，使人认识并接受自己的不足，清楚并利用自己的长处去做自己力所能及的事情。可以肯定地说，人的每一次成功，每一次成就，都离不开自信的推动，人类社会的进步和发展亦是如此。

甲：好，同学们经久不息的掌声是对×××老师总结的感谢，也是对×××老师总结的认同。

（三）探讨的方法

乙：最后我们来讨论一下如何树立自信心（板书）。

甲：这是一个叫《寻找优点》的游戏，我把每位同学的名字写在卡片上，放在容器中，被选中的同学要从学习能力、特殊能力、学习态度、学习方法与技巧、人品与个性特征等5个方面（放投影片）总结自己的长处与不足，接着其他同学对他的能力与优点再进行补充。

（进行游戏）

游戏结束了，有的同学发现自身不少的长处，有的同学找到自身的优点却较少，而其他同学却帮他找到不少。

乙：这个游戏告诉我们，每个人身上都存在不少被自己忽视的、未注意的长处，倘若不积极地认识和评价自我，对自己的优点和长处予以忽略，将注意力盯在自己的不足上，消极地对待自我，就会让自己信心不足或出现自卑。

甲：由此，得出一个结论，建立自信心最重要的一条便是：1. 积极地认识和评价自己（板书）。

乙：如何积极地认识和评价自己呢？请同学们发表各自的看法。

（同学讨论，略）

甲：对同学们的意见加以归纳，要积极地认识和评价自己，一定要做到三条：

乙：第一，要正确地认识自我（板书）。既要认识本身的长处，又要勇于面对自己的不足。应看到自己的优势，相信自己的能力。

甲：第二，确定正确的参照标准（板书）。不要以自己的长处与别人的短处相比，产生骄傲心理（就是自负），也不应以自己的不足与别人的长处相比，这样会产生自卑心理。要通过对比，比出努力的方向、自信心和进步。

乙：第三，要擅长扬长避短（板书）。要不断发挥长处，克服不足，弥补缺陷，通过持之以恒的努力，不断地把握和创造新的成功，使自己始终拥有充分的自信心。

甲：请同学们分组围绕"成功是什么"、"成功后我的心情如何"两个问题进行讨论。

（分组讨论、交流体会）

乙：刚刚的讨论和交流，让我们领悟到两条：

甲：一是是否只有名人、学习成绩优秀者才能成功。每个人的生活经历中都会有成功的记录。例如，首次学会了做饭，首次独立外出，首次受到老师表扬，首次在竞赛中获得好名次等等。

乙：二是成功的生活经历为我们带来无限的喜悦，成为前进的动力，让我们更为自信了。

甲：所以说，自信是成功的产物。没有成功，就不会有自信。因此，树立自信心的第二个重要方法就是：2. 努力创造成功的记录（板书）。

乙：现在，请同学们再讨论一下怎样创造成功记录。

（分组讨论、代表发言）

甲：归纳同学们的发言，要创造成功的记录，必须注意三方面：

乙：第一，要确定适当的目标。（板书）目标与个人能力符合。要从自己最有把握或容易获得成功的事开始做起，适当降低自己的期望值，或将目标分成若干阶段的小目标，从小处、低处做起，积小胜为大胜，积小的成功变成大的成功，从而构成自信心与成功的良性循环。

甲：第二，付诸行动。（板书）制订了计划，确立了目标，就要付诸实施，持之以恒地努力，这是获得自信的基本途径。

乙：第三，不要有依赖心理。（板书）坚持靠自己去解决问题，排除困难，不要随便地就去找家长或老师，或请求别人帮助。当然也不拒绝必要的、适当的帮助。

甲：现在请同学们看投影、填充问题：

投影内容：当你处在下面这种环境里，你的心情会出现_____心理。（学生填充）老师常指责你，说你笨；家长常呵斥你，说你懒；同学经常责怪你，说你蠢；在班级中你说话基本上没人听。

乙：好！大家填的内容基本相同：心情是悲伤的，会出现自卑心理。

甲：因此可见，一个人所处的环境好坏，对自信心的建立有着非常重要的影响。因此，树立自信心的第三个方法就是：3.积极创造良好的环境（板书）。

乙：那么，如何营造有益于自己树立自信心的环境呢？请××老师来告诉同学们。

师：同学们，随着班会的不断深入，对我心灵的震动越来越强烈。此次主题班会，自身就是一个加强自信心的过程。无论是做老师的，还是做家长的，包括同学们，应充分地尊重他人，尤其是要尊重那些暂时因学习成绩而产生自卑的同学。多看看长处，多给一些鼓励，为他们克服自卑建立自信心创造良好的外部环境。当然，起决定性作用的还是内因，要靠各位同学自己去创造优良的、有益于自己增强自信心的外部环境，办法有两个：第一，积极表现自己。（板书）让他人看到你的优势、你的进步、你的决心。例如，展示你的长处，把你的点点滴滴进步介绍给众人，敢站在众人前，表达出"我有胆量"；敢于做你觉得必须做的事，表达出"我有决心"；正视对方，表达出"我是诚实的"；常常微笑，表达出"我是充满自信的人"等等。第二，多与同学交往。（板书）因为只有与更多人接触，你才不会局限在自己的小圈子，才会真正地认识他人和自己。与强于自己的人交往，会学到许多东西，同时也会发现对方的不足，这样，你便会坦然接受自身的缺点；与弱于自己的人交往，可以学会帮助他人，同时又可得到对方的认可，这时你也会看到对方的闪光点。

甲：谢谢××老师。前面，我们已了解了拥有自信心的三个方法。现在，我再对树立自信心的最根本的方法加以研究，即：4. 充实自己，提高自身素质（板书）。

乙：是啊！自信是不能幻想出来的，从众多成功人士的情况来看，必须具有渊博的知识、很强的解决问题能力这些良好素质作为基础，才会拥有真正的自信。可知识浅薄却感觉自我良好便是狂妄自大了。

（四）情感升华

甲：那么，中学生要怎样做才能树立自信心？请同学们谈谈自己的看法。

（同学讨论，多请几位较自信的同学发言）

乙：××老师，请您为同学们的讨论作个总结。

师：好！总结同学们的发言，中学生们关键是要奠定扎实的知识基础，拓展课外知识面，培养综合能力，拥有基本的技能。总而言之，要使自己各方面能力都很强才能成为一个真正自信的人。学习成绩不好的同学，首先要树立起学习信心。可以从提高自己喜欢的、容易提高的科目作为切入点；以自己为起点，制定符合自己实际状况的学习目标，然后再分成若干阶段具体的小目标来执行。不过，最重要的还是要付出真正的努力，勤能补拙，奠定扎实的学习基础。同学们，我现在讲个小青蛙的故事，它有三种不一样的结尾，我来讲故事的开头，请同学们发挥自己的想象，续写故事的结尾，并且讲出你最喜欢哪一种结尾。

（老师讲《小青蛙故事》的开头，同学们续写三种不一样结尾，并请三组同学分别发言）

甲：请××老师为同学刚才的发言做点评。

师：同学们续写的《小青蛙故事》的结尾很好，分析得也很深刻。这个故事的三种不一样结尾，说明了一个道理：人，要拥有自信；自信之人，会通过积极地帮助别人来确立自信；这样，我们才能获得真正的成功。（板书）把这几句话奉送给大家，作为对这次主题班会的总结。

乙：同学们，让我们以最热烈的掌声来感谢××老师，也对这次主题班会取得圆满成功表示祝贺。

甲：同学们，让我们永远铭记：成功的基石是自信。

方案二

（一）情景导入

请学生讲古往今来名人拥有自信、努力地奋斗而获得成功的故事。一起唱歌曲《水手》。

（二）真情表白

主持人引入讨论：谈谈听后感想。

（这些人的共同之处在哪里？学生自由发言、讨论）

（三）思想碰撞

学生与实际结合，讲讲当自己面对挫折和失败时是如何表现的。

（代表发言）

（四）情感升华

学生讨论：21世纪的我们如何面对挫折和失败？每人为自己写一句座右铭。

3．活动链接

（1）**活动前的链接**：搜集有关自信的名人轶事、实例，检查自卑的表现。

（2）**活动后的链接**：发刊《自信与名人》专刊墙报，开展培养自信心的各项活动。

班会评估

1. 自我评估

A. 预期评估：＿＿＿＿＿＿＿＿＿＿＿

＿＿＿＿＿＿＿＿＿＿＿

B. 实录评估：＿＿＿＿＿＿＿＿＿＿＿

＿＿＿＿＿＿＿＿＿＿＿

2. 反馈矫正 ＿＿＿＿＿＿＿＿＿＿＿

＿＿＿＿＿＿＿＿＿＿＿

延伸阅读

1. 《跳高架前》的录像

体育场内、跳高架前，××班正在进行跳高训练课。

同学甲："我肯定我能跳，我需要××（高度）。"他一下子就跳过去了。

"请再给我提高5厘米。"两次试跳，也达到目的了。

同学乙见到这种结果，迫不及待地说："他算什么，看我的。请再帮我提高10厘米。"结果是三次连跳均失败了，无可奈何地下去了。

该到同学丙跳了，他害怕地说："我跳不过去，把高度还是降下来吧。"结果在高度大大降低之后，他三次在跳高架前止步了，没能跳过去。

2. 录像：小品《考试后》

校园花园处，××班的几个同学在石凳上畅聊。

小张："小李，这次期中考试你考得好吗？"

小李："还可以，现在我正在找不足之处，保准下次会考得更好。你呢？"

小张："一般，不过比上次好多了。正想请你帮我看看哪不行，争取下次考得更好一点。小黄，你呢？"

小黄脸色很不好看，轻声说："不好！"

小李："没关系，今后我帮你，下次一定能考好！"

小黄："谢谢你，我会努力，力争下次考好！小王，你也没考好吗！"

小王叹气地说："是啊，跟上回一样，位于全班倒数之列，恐怕无法改变了。"

3. 名人轶事

（1）"发明家"爱迪生

爱迪生是世界著名的"发明家"。不过，他小学时的学习成绩极差，仅读了3个月书便退学了。因为他学习不好，又偏偏喜欢刨根问底，常问得老师无话可说，老师恼羞成怒，常常在同学面前说他是"傻瓜"。爱迪生无法忍受这样的侮辱，哭着回到家中向妈妈哭诉自己的委屈，并说再也不去学校了。妈妈理解儿子，帮他办了退学手续。回家后，妈妈严肃地告诉爱迪生："从今天开始，我教你念书，你是否有决心学好？"妈妈的话让爱迪生感动了，他认真地说："妈妈，您放心！我会好好学习，取得事业成功。"这便是少年爱迪生最早立下的雄心壮志。他一生的发明约有两千项，例如留声机、电灯、电影、蓄电池等等。从一个贫苦的、未受过正式学校教育的孩子，成长为受人敬仰的发明家，在世界科学的领域里，他的名字永远被人铭记。

（2）落榜秀才蒲松龄愤作《聊斋志异》

被称为中国短篇小说之冠的《聊斋志异》，是中国文学宝库中的珍宝。红学家李希凡教授曾这样说："《聊斋》、《红楼》，一短一长，千古流长，万世流芳。"可谁又知道其作者蒲松龄曾经也是一位多次榜上无名者。十九岁那年，蒲松龄以优秀的成绩连续三次考场夺冠成为秀才。从二十岁起，只要科举考试一到，他都会去参加，可命运似乎总在和他开玩笑，一直到老，他再也没能中举。可算是"落榜冠军"了。但他并没有气馁，一边当教师，一边坚持刻苦学习，终于功夫不负有心人，他写出了震惊中国文坛的短篇小说集《聊斋志异》，获得了成功。

（3）篮球运动员迈克尔·乔丹的故事

美国是一个热爱篮球的国家，这个国家里有个爱球如命的孩子。可是就是这个孩子，中学时却没被篮球队选上。但是他没有因此而气馁。

他软磨硬泡地使教练让他做了一名不能上场的"球员"——专为球员们拣球、搬运行李和整理球衣。自信让他不断向目标靠近。后来，他带领的芝加哥公牛队连续多年高居 NBA 皇冠宝座。他个人也得到了"空中飞人"的称号。

他就是风靡全球篮坛的迈克尔·乔丹。

（4）著名数学家华罗庚的故事

华罗庚因贫穷被迫放弃学业。他返回家乡，一边帮父亲干活，一边坚持自学读书。后来得了重病。在床上躺了半年，病好后，却成了终身的残疾——左腿的关节变形，变瘸了。那时，他仅有 19 岁。在那痛苦、悲伤的时间里，他想到了失去双腿后著兵法的孙膑。"古人都能做到身残志不残，我才 19 岁，更没理由破罐子破摔，应用健全的头脑，替代不健全的双腿！"于是，白天，他拖着病腿、忍着剧痛，一瘸一拐地干活，晚上，他挑灯夜读。1930 年，他的论文终于在《科学》杂志上发表了，这篇论文震惊了清华大学数学系主任熊庆来教授。后来，清华大学聘请华罗庚作了助理员。在高手如云的清华园，华罗庚边做助理员边在数学系旁听，用 4 年时间自学了英文、德文、法文，发表了论文 10 篇。25 岁时，他已是闻名四海的青年学者了。

（5）两只小青蛙的故事

从前有两只小青蛙，偷偷进入农民的房子里玩。不小心掉进了装满油的坛子里，想跳出来，可是，油太黏。

第一种结尾：青蛙 A 游来游去，可怎么也出不去，它想今天是肯定没希望了。没了希望就没了动力，一下子它就游不动了。青蛙 B 一样，也是游不出去，可是它想不管怎样我都不能放弃，虽然很累仍在寻找，终于成功地跳出了油坛子，回到了家。

第二种结尾：青蛙 A 放弃了希望，死在了坛子里。青蛙 B 使劲地游呀，虽然一直努力，可是还是累死了。为此两位哲学家发生辩论，甲说："瞧，有自信，还不一样是死了。"乙说："是的，是都死了。但死的心情却不一样，青蛙 A 是绝望地死去，而青蛙 B，是在希望中死去。"

第三种结尾：青蛙 A 很累，青蛙 B 费力地游到 A 的身边，看到 A 打算放弃了。它对 A 说："我们两个一起努力吧！我在前，你在后，动作一致，然后互换位置，这样可以节省许多体力。"于是 A 在它后边，按照它的方式游，果然不那么累了。

B 边游边吃力地说："在油里游的滋味原来是这样啊！"真锻炼身体。边说边唱起了歌。尽管 A 很累，可听到歌声后，忘却了疲惫，一起唱了起来。

农妇听到歌声看到了它们，救出了他们，洗干净后送它们回家了。

（6）张海迪的故事

出生于 1955 年秋天的张海迪，5 岁患脊髓病，胸以下全部瘫痪。她不能上学，就在家中把中学课程自学完。15 岁时，海迪和父母一起下放到（山东）聊城农村，教孩子们读书。她陆续自学了十几种医学专著，并向有经验的医生学习，学会了针灸等医术，为群众免费治疗达 1 万多人次。张海迪还自学多门外语，当无线电修理工。

在残酷的命运挑战面前，张海迪用她坚强的毅力和恒心同疾病做斗争，对人生依然充满了信心。尽管她不能去学校，但通过自学她完成了大学和硕士研究生的课程。1983年，在《中国青年报》上发表《是颗流星，就要把光留给人间》，张海迪闻名全国，获得两个称号：一个是"80年代新雷锋"，一个是"当代保尔"。从那时起张海迪陆续翻译了《海边诊所》等数十万字的英语小说，编写了《向天空敞开的窗口》、《生命的追问》、《轮椅上的梦》等书籍。其中《轮椅上的梦》在日本、韩国出版，而《生命的追问》出版不到半年，就重印了3次，荣获了全国"五个一工程"图书奖。在这之前，

张海迪

此奖项还从来没颁发给散文作品。2009年，一部300万字的长篇小说《绝顶》出版。自1983年起，张海迪创作和翻译的作品在100万字以上。

张海迪胸怀"活着就要做个对社会有益的人"的信念，把保尔作为自己的榜样。以自己的言行，向广大青年展示了正确的人生观、价值观。邓小平曾经亲笔题辞："学习张海迪，做有理想、有道德、有文化、守纪律的共产主义新人！"

4. 古人名言

★能胜强敌者，先自胜者也。

——《商君书·画策》

5．欣赏短文

（1）《自信——登山的云梯》

自信是什么？叶剑英元帅曾经这样说过："攻城不怕坚，攻书莫畏难。科学有险阻，苦战能过关。"这种不畏困难、坚信成功的精神便是自信。

人在一生中，要面对险山激流，自信便是登山的阶梯，渡水的大船。对待知识之山、科技之河，只有自信，才能坚持不断，克服困难，"凌绝顶"而"晓天下"。这位生活无法自理、从没入过大学的残疾人敢于挑战人生，凭借的是什么呢？自信！"我相信我能行"这6个字，铿锵有力，筑成攀登之梯。她最终从轮椅中登上山顶——通过6门硕士课程考试，且以一篇《文化哲学视野里的残疾人问题》的答辩论文，取得了硕士学位。自信，是谱写了强者之歌的主旋律。

感叹云蒸霞蔚的山峰，却畏惧沿路的荆棘，缩首缩脚，没有自信，这只会让人一事无成。时代需要的是拥有自信的人。当年，自信的毛泽东曾经唱起了很多支攀登之歌、胜利之歌！他高唱："踏遍青山人未老，风景这边独好"；"雄关漫道真如铁，而今迈步从头越"；"红军不怕远征难，万水千山只等闲"……行间字里，充满了十足自信的豪气！

当然，拥有自信的人，还需拥有健康的体魄、丰富的知识和完善的技术，才能把红旗插上顶峰。2012年6月16日，是让华夏子孙激动、兴奋不已、自豪、难忘的一天，这一天"神舟"九号成功发射！它标志着中国人民在攀登世界科技高峰的征程上，又迈出具有重大历史意义的一步，这一非凡壮举，是我们伟大祖国的荣耀。为此，作为华夏儿女感到无比骄傲和自豪！所以，我给自己确定了目标：中段考试时，每科成绩都要达到及格或是优秀，虽然有一定的难度，但我坚信：自信是成功的第一秘笈，它不但是对自己能力的信任，更是对自己所追求的目标的信任。

同学们，让我们共同努力，充满自信，登上知识的顶峰！

（2）《自信的天空》

前段时间，一位美联社记者问过我国一个获奖的影星："您认为中国哪位演员的演技最好？"这位影星回答说："我！"简单而自信，令人佩服。他向全世界展示了我们中国人自信的风采。为自己创造了一份自信的空间。

自信让人生美好。自信能带给你完美的品质。你自信，就会正直，有责任心；你自信，就会热情大方，充满快乐；自信的人总是昂着头。当然，自信绝不是骄傲自大，目中无人。自信的人是能对自己有正确估价，估价过高，便骄傲了。自信的人富有头脑，知道自己可以做什么，该做什么，所以说，你自信，你便会有责任感。自信的人大方热情，这是与骄傲明显的区别。自信的人热爱世界，自信的人从不做自己不该干、不能干的事，他们会努力做好自己该做的每件事。自信的人不存在思想压力，所以说，你自信，你就会活得潇洒和快乐。

我们需要自信。在我的身旁，有一位同学英语学习十分努力，他把该背的单词、词组都记下来了，可每次英语测试仍是以失败告终。因此，他变得垂头丧气，减少了自信心，最后导致英语成绩越来越不理想。我想，若他在失败后能给自己分析原因，保持自信，也不至于如此。

一个人拥有自信是多么地重要，我们一定要拥有自信。愿同学们充满自信，为自己创造出一片自信的新天地！

（3）《"自信"的感悟》

"自信"的解释是在《现代汉语词典》中是"相信自己"。苏联作家马克西姆·高尔基曾对自信这样讲过："只有满怀自信的人，才能在所有地方都怀有自信，沉浸在生活当中，并实现自己的意志。"倘若一个人丧失了自信心，就极易变得颓废和绝望，可能还会毁掉自己的一生。

自信是人们不断前进的动力。法国启蒙思想家和文学家让·雅克·卢梭曾这样说："自信对于事业而言简直就是一个奇迹，有了它，你的才干就可以取之不尽，用之不竭；一个没有自信的人，不管他有多大的才能，也不会抓住一个机会。"因此，自信是人们成就伟业的先导，具有自信心的人，能创造出令人吃惊的成就。

在当今的社会环境当中，到处都是竞争，自信尤其重要。尽管自信每个人都可以拥有，可要真正做到并不简单。只有那些敢于面对和克服困难之人，才能真正拥有自信。我们的生活充满了激流和险滩。有些人正是缺乏了这种自信心，在面对波折时消沉悲观；略有不顺心就痛苦不堪、甚至失去生活勇气；经不住考验而丧失进取心，对前途迷惑。在人的一生中，想不碰到挫折是不可能的。重要是要有一个正确的抉择："人生万事须处为，跬步江山即寥廓。"面对生活的困难，坚定信心，勇敢面对。这样，才能走向成功。

（4）《自信篇》

你自信吗？

你是不是想知道自己是不是个自信的人？做一下简单介绍，你就能知道什么是自信。自信是心理素质的体现，不会通过外表看出来的。心理学家的研究证明，自信与诸多行为有联系。要了解一个人是否自信，一定要通过对其经常的行为表现进行观察方可做出判断。

自信的行为有以下几个特点：

①勇于表达消极情感。比如，对别人的过分要求敢于拒绝，争取自身的权利。表达出愤怒，要求打扰自己的人改变其行为。

②接受并积极挑战个人极限。勇于承认错误，虚心接受批评，谦逊好学，不耻下问。

③勇于表达自己。勇于表达不同的意见，对权威不迷信，不人云亦云，承认自己与别人在观点上存在分歧。

④积极行为。善于发现他人的长处或成就，喜欢表扬别人，也能坦诚接受别人的称赞。

这四点虽不和平常使用的镜子那样，往跟前一站，美丑胖瘦清清楚楚，不过还是可以对一个人的自信状况做出结论。特别是自我评定准确性会更高，由于每个人都了解自己的行为。若与自己的情况相吻合就表明自己是个自信的人；若有一点不吻合就表明不够自信；若有更多甚至完全不吻合就表明自信水平极低。

当知道自己自信不够或自信水平极低，这真的是个坏消息。

不过不必担忧，只要通过一些训练，肯定会让你增强自信。不要犹豫，快点来参加。

（5）《自信是成功的第一秘诀》

每个人都希望成功。

每一个人都有能力督促自己去做更多的事，可是很不幸的是很多人都不知道怎样展示自己的能力、技术和想象力。每个人的能力只有很少的部分被运用，而大部分仍没有被挖掘出来。可是又该怎么做呢？

所有事物都是外在与内在共同作用的结果，而外因是通过内因才发生作用的。因此一个人要想取得成功，就一定拥有最基本的素质——自信。

自信属于伟人的天性，也是普通人生命中不可缺少的因素。没有自信的人，就好比是没有脊梁骨的软体动物，每日在自卑自叹、自怜自艾的泥潭里苟延残喘，顶天立地的人的形象已成为遥远的回忆，这是多么可悲啊！其实没有人可以打倒你，只有你自己能打倒自己。人一定要自信。

1930年，在比利时留学的童第周面对生物界没人能把青蛙卵完整剥开时，他果敢地站了出来，说："我可以试试！"很多人都嘲笑他逞能。可童第周没有退缩，依靠自己的胆识和才能，终于获得成功。

童第周的勇气非常值得我们钦佩。从他的勇气中我领会到这样一个道理：自信是成功的第一秘诀。

自信作为成功的奠基石，是奋勇直前的动力，促使我们攀上成功的山峰。从古至今，所有成功者都是充满自信的人。就是由于拥有着这份自信，伽利略经过多次实验验证了自己理论的正确。当时虽然没人相信他，可他确信总有一天，人们会接受这个事实的。最终伽利略是对的，他的理论得到了认可。

大家都听过《愚公移山》这个故事，一位须发皆白的老人带领着他的子孙以肩扛手提的方法准备搬走挡在门前的两座巍巍大山。面对旁人的冷嘲热讽他们丝毫没有动摇自己的信心。因此感动了上苍，天帝派两位大力神移走了大山。愚公终于实现了愿望。难道真的是天帝的帮忙吗？不过是神话罢了。他们靠的是坚定的自信、持之以恒的追求而成功的。自信就是成功人士所拥有的必要因素，是成功路上的指明灯。

科技发展的时代在召唤我们向前迈进，我们需要自信，坚持不懈，一直朝目标前行，相信一定会成功。

第九章　主题设计与组织（三）
梦想的放飞

主题设计

1. 关键词点击

（1）**主题词**：理想　将来

（2）**名言录**：

★有志者事竟成。

——《后汉书·耿弇列传》

★青年应立志做大事，不可立志做大官。

——孙中山

★没有远大抱负的人，他的生活缺乏伟大动力，自然不能盼望他有杰出的成就。

——华罗庚

（3）**案例库**：

周恩来为中华之崛起而读书、陈景润立志征服哥德巴赫猜想、赖宁的故事。

2. 活动设计

（1）**活动准备**：请同学们搜集关于"理想"的资料，包括名人名言、小故事等，写一篇关于理想和将来的随笔，布置专人表演，敲定主持人，编好台词。

（2）**媒体撷英**：班会课件或磁带、录音机。

（3）**课堂类型**：表演、讨论。

（4）**活动构想**：通过班会活动，使学生找到自身的优势，加强自信心，鼓励大家为理想、为将来而奋斗，不断地充实自我。

组织与实施

1. 目的认识

（1）**目的**：通过班会活动让学生确定正确的目标，认识到通向理想之路困难重重，要靠同学们踏踏实实、永不间断地学习，方可实现心中梦想。

（2）**认识**：通过班会活动，学生可以确定正确的人生观、价值观、世界观，树立为新世纪中国发展而奋斗的理想，调动学生学习的积极性、主动性，把这次班会作为新的出发点，奔向更高的目标。

2. 互动要点

方案一

（一）情景导入

甲、乙：尊敬的领导、老师、同学们，各位下午好!

甲：理想好似浩瀚烟波中的灯塔，指引着我们前进的方向。倘若没有它，当我们遇到困难时就会丧失勇气，不知所措。

乙：是啊!我们每个人都拥有自己美好的理想，都拥有着对自由的渴望。倘若没有理想，我们就会找不到前进的方向。就让我们扬起理想的风帆，去开创我们美好的未来。

甲、乙：初××班主题班会"放飞我们的理想"现在正式开始。

（二）名人故事欣赏，名言警句推荐

甲：理想让我们能够勇敢面对挫折、失败。自古以来，有许多名人在青少年时期就树立起伟大的理想，为他们未来的成功奠定了坚实的基础，同学们又知道哪些这样的故事呢?请将你知道的名人立志的事迹说给大家听一听。

（讲述名人事迹）

乙：这些故事太感人了，是我们学习的榜样。除了为理想而奋斗的感人故事外，古今中外也有很多令人激动的佳句名言，你能说出来吗？（名言附后）

甲：同学们，让我们以老一辈革命家、科学家作为学习的榜样，将这些警句、格言作为座右铭，点亮我们心中的那盏明灯，向着成功的方向迈进！

（三）现场采访

乙：今天，正在全面建设小康社会，可回想建国初期，我国曾有许多人食不果腹！

甲：这是什么原因呢？

乙：由于当时科技水平十分落后，农业产量太低，粮食根本无法满足人们日常生活需要。

甲：那该怎么做呢？

乙：还是让这个小品来回答问题吧，下面看一个小品《名人访谈》。

甲：大家听了袁隆平的故事一定触动很深吧，我想，理想是人们奋斗的目标，没有理想的人生，就像没有翅膀的小鸟。

乙：是啊！我们是祖国的未来，倘若我们没有理想，那我们的国家将来就不会有希望了。现在，进行现场采访，就"人为何要有理想？"、"什么是理想？"两个问题说说自己的看法。

（四）辩论赛

乙：就"平凡工作岗位能不能实现远大理想"这一主题，请同学们持正面观点的同学和反面观点的同学各派三人代表进行讨论，说说自己的看法。

（辩论）

甲：同学们争论得非常激烈，不错，我们只要勇于挑战自己，不断努力，任何岗位都能实现自己的人生目标。

乙：下面请欣赏歌曲《真心英雄》。

（五）合唱歌曲《真心英雄》

甲：歌词写得非常棒，"不经历风雨，怎么见彩虹，没有人能随随便便成功！"

乙：是的，身为 21 世纪的中学生，没有谁不努力就会取得成功的，一定不要"少壮不努力，老大徒伤悲"。

甲：让我们为实现自己的理想而努力。

乙：下面请欣赏演讲《鼓起理想的风帆起航》

（六）演讲《鼓起理想的风帆起航》

甲：树立宏大的理想，表明事业的开始，坚定不移地追求和努力，才能取得事业的成功。遥想多年后，在各自的工作岗位上我们取得的成功是多么幸福的事情！

（七）班主任进行总结发言

甲：同学们，当你挑灯夜读的时候，想一想你的理想，就会有无穷的力量；当你遇到困难时，想想你的理想，它也只不过是一个小小的礁石；当你清晨准备出发时，想一想你的理想，它会带给你早晨的太阳一样的光明！

理想是信念之火，生命之灯；它照亮我们前进的道路，带领我们走向成功……请同学们讨论一下自己的感想。

乙：让我们为理想为未来为二十年后的再相逢努力吧！

甲：主题班会《放飞我们的理想》到此结束。

（音乐奏响《我的未来不是梦》）

方案二

（一）情景导入

（二）访问名人：赖宁的事例

（三）现场访问：谈谈自己的理想

（四）名人逸事欣赏、推荐名言警句

（五）讨论平凡岗位是不是能实现"远大理想"

3．活动链接

(1) **活动前链接**：分组安排完成《我的理想》周记，收集名人故事、名人名言。

(2) **活动后链接**：选出"为理想而奋斗"的榜样。

班会评估

1．自我评估

A．预期评估：＿＿＿＿＿＿＿＿＿＿＿＿＿＿＿

＿＿＿＿＿＿＿＿＿＿＿＿＿＿＿

B．实录评估：＿＿＿＿＿＿＿＿＿＿＿＿＿＿＿

＿＿＿＿＿＿＿＿＿＿＿＿＿＿＿

2．反馈矫正 ＿＿＿＿＿＿＿＿＿＿＿＿＿＿＿

＿＿＿＿＿＿＿＿＿＿＿＿＿＿＿

延伸阅读

1．名人逸事欣赏

(1) "为中华之崛起而读书"的周恩来

12岁的时候，周恩来就立下了"为中华之崛起而读书"的志向。

1911年年底，周恩来在沈阳东关模范学校上学。有一天，魏校长给学生们上修身课，命题"立命"。当时正是孙中山领导的辛亥革命推翻了清朝统治，终结了中国两千年的封建统治之余。很多人尤其是年青人思想迷惑，无明确的理想追求，无人生奋斗的目标。校长谈"立命"，就是给学生讲如何立志。

魏校长突然停下来，向学生提出一个问题："请问读书为了什么？"

周恩来站起来，非常严肃地回答道："为中华之崛起而读书！"

一句话表明了周恩来的伟大志向。

（2）哥德巴赫猜想一直作为数学王冠上的一颗明珠，200多年前，有许多科学家尝试着去征服它，并因此消耗了很多的精力，却未获得成功。一位中国少年却下决心拿下这颗明珠，将此当作自己奋斗的事业和理想，他努力累积知识，坚持演算难题，草稿纸装了一麻袋接一麻袋，最后终于拿下了这颗明珠，发明了以他的姓氏命名的定理。这位少年就是陈景润。

（3）有抱负、有理想的好少年——赖宁

赖宁从小就立下了远大的志向，在一次谈理想的班会上，同学们争相发言。有说当工程师的，当解放军的，当科学家的，赖宁却说："要当像李四光那样的地质学家。"像李四光那样为祖国地质事业献身。

为了实现理想，赖宁让妈妈缝了两个沙袋，绑在腿上坚持长跑，练腿功。

为了实现理想，赖宁还常常爬上山崖、钻山洞、挖水晶……去探险。

赖宁就是一个为了实现理想而从小努力的人，这种品质是值得我们学习的。

2. 推荐名言警句

★不要只因一次失败，就放弃你原来决心想达到的目的。

——威廉·莎士比亚

★不要放弃你的幻想。当幻想失去以后，你还可以生存，但是虽生犹死。

——马克·吐温

★我想揭示大自然的秘密，用来造福人类。我认为，在我们的短暂一生中，最好的贡献莫过于此了。

——托马斯·爱迪生

★理想是指路明灯。没有理想，就没有坚定的方向；没有方向，就没有生活。

——列夫·托尔斯泰

★就是在我们母亲的膝上，我们获得了我们的最高尚、最真诚和最远大的理想，但是里面很少有任何金钱。

——马克·吐温

★生活没有目标就像航海没有指南针。

——大仲马

★有些理想曾为我引过道路，并不断给我新的勇气以欣然面对人生，那些理想就是——真、善、美。

——爱因斯坦

★人生重要的事情就是确定一个伟大的目标，并决心实现它。

——歌　德

★实现明天理想的唯一障碍是今天的疑虑。

——罗斯福

★如果一个目的是正当而必须做的，则达到这个目的的必要手段也是正当而必须采取的。

——林　肯

★志当存高远。

——诸葛亮

★最困难之时，就是离成功不远之日。

——拿破仑

★世界上最快乐的事，莫过于为理想而奋斗。

——苏格拉底

3. 小品《名人访谈》材料荐读

"吃水不忘挖井人"，今天我们能够衣食无忧，幸福安康，与党的好政策是分不开的。同时也与我们的水稻专家袁隆平教授的贡献息息相关。有请袁教授。

袁隆平：大家好！我是袁隆平。

记　者：请问袁先生，您小时候有没有什么理想呢？

袁隆平：肯定有了，上学时，地理老师就对我们说，我国人口将越来越多。耕地面积却一年接一年地减少，所以人民温饱问题成为我们亟待解决的问题。这样的难题应该由谁去解决呢？从那时起我决心要为老百姓的温饱问题贡献一点力量。经过10多年的研究和实验，终于培育出了亩产量达800公斤的"世纪号"种子。

记　者：您的理想成为现实，可以说是一位事业有成的人了。

袁隆平：过奖，我不过尽了一点自己的绵薄之力，这也是我的分内之事嘛！

记　者：您能否为我们新一代的青年人提一点意见和看法呢？

袁隆平：我简单谈一谈吧，我觉得现在的年轻人应该从小就立志，好好学习，为了自己的理想去努力奋斗，努力拼搏，这样总会有成功的一天。

记　者：我原以为您是一位不苟言笑的科学家，相信不少人应该与我有同感，不过今天让我大吃一惊，我认为这才是最真实的您。谢谢今天您能够接受我的访问。

袁隆平：不客气。

记　者：今天的《名人访谈》节目到此就要和您说再见了，谢谢您的收看，朋友们再见。

4. 演讲：《鼓起理想的风帆起航》

老师、同学们：

大家好！

"大江东去，浪淘尽，千古风流人物。"历代英雄人物尽管无法抵抗自然规律而被江浪淘尽，然而他们毕竟曾经搏击过，我们作为万物之灵长，造化之主宰，如果能够在惊涛骇浪中驾驭生命之舟，搏击一番，生命将更加辉煌。就像长江第一漂的英雄们那样，为了自己的崇高理想而奋斗，让自己的青春和生命闪一闪光。如此，才不至于虚度此生。

一个人树立远大理想，人生才有价值。人确立了理想，等于确立了奋斗目标，就等于确立了前进的动力。理想如同风帆。生命之舟，张开了理想之帆，就能驶向胜利的彼岸。门捷列夫制作出第一张化学元素周期表，居里夫妇提出了镭，陈景润对"哥德巴赫猜想"的研究举世瞩目，他们全是挺起胸膛，扬起理想之帆；英勇搏击，矢志不渝，付出无数的艰辛劳动之后才取得如此令世人震惊的成就的。

　　不错的，人生路漫漫，不如意十之八九。无论是谁，在前进途中都会遭遇坎坷挫折。你就算慢步前行也会被绊；如果你想疾驰而行，摔倒的可能性会更大。然而，我们不能"一朝被蛇咬，十年怕井绳"，不能杯弓蛇影，更不能因噎废食。即便仿佛全世界的不顺畅之事全向你涌来了，也不能丧失斗志和信心。

　　当然，人在不如意的时候，倒霉的时候，仿佛是步入绝境的时候，肯定会情绪低落，有时，甚至于会有轻生的念头……鲁迅先生也曾彷徨过，哥白尼也曾犹豫过，伽利略也曾屈服过，居里夫人还曾经想到过自杀。然而，他们都没有在情绪最低落、心情最烦躁的时候采取无法挽救的方法。当他们在眼前出现恐怖的阴影之后，在思想情绪跌入低谷时，能以惊人的自制能力控制自己愚蠢的念头，能够镇定下来，经过冷静的思考，终于振作起来直面人生和事业，深信"天无绝人之路"这一道理，勇敢地求发展、求进步。就这样，鲁迅先生在刹那间的"荷戟独彷徨"之后，愈发勇敢、愈发坚决地战斗在文化革命的最前列，哥白尼、伽利略全克服了各种困难，居里夫人未向死神低头，他们都能够从暂时的困惑中摆脱出来，重整旗鼓，把理想的风帆张得更大，愈发顽强地、坚忍不拔地坚持下去，最后都能在他们终身为之奋斗的事业上，做出光辉的贡献。

　　天下的事情，总是如此，在"山重水复疑无路"之际，说不定在不远处，便是"柳暗花明又一村"的境界了。如此这般的绝处逢生的转机并不是没有的。像前面谈及的鲁迅、居里夫人等几位伟人，我们应该向他们学习。这就是说，在人生的道路上，在事业的追求上，不管遇到什么样的艰难险阻，都应该坚持为实现自己的理想而奋斗。只要自己的理想和国家的需要不背道而驰，只要是我们自己作了不懈的努力，只要我们不仅仅是为了个人的荣誉，只要我们无惧无畏，正确地对待人生和事业，就必然能够鼓足理想的风帆，继续乘长风破万里浪。

"自信人生二百年，会当击水三千里。""面壁十年图破壁，难酬蹈海亦英雄。"毛泽东和周恩来这两位伟人的话如同一股强劲的东风鼓起了我们理想的风帆，起航！迎着那惊涛骇浪，飞珠碎玉，起航！把稳舵杆，向着既定目标，全速前进，我们的未来一定是一片灿烂辉煌！

5. 拓展资料

成功的人，规划自己的人生和事业时，首先要确定自己在社会中的角色，再根据自身的优势和条件来制定目标。要以一心一意为大众、为集体服务作为自己的目标。

人要有抱负，它是我们人生的指南针，也是一盏明灯，为我们指引方向，冲破重重阻碍，照亮前方的路。

我们都有自己的目标，也向往自由。在如诗如画的青春岁月中，我们憧憬绿草茵茵的校园；憧憬多姿多彩的莱茵河；我们憧憬湖畔边传来的吉他声；陶醉于夕阳下的黄昏里……在喧嚣的生活中，谁不神往闲云野鹤、自由自在的生活。因而便有了学校里的"硝烟"弥漫；有了马路上的口哨声和公园里的情景交融；也有了星空下的窃窃私语……然而，我们应当注意：喜欢轻松却不能贪图安逸，追求自由却不能超越纪律。意志的河流会因你的游戏而改造，成功的桂冠会因你的松懈而旁落。今天的轻松是明天的叹息。失掉了现在，美好的将来就会把你忘却。黄河之水，浩荡万里，但倘若没有黄河大堤，黄河之水就会四处横溢。就不会有今天的一泻千里。人生就是这样，假若只沉溺于感情而淡于目标，那么，我们就会被污浊的世事所侵蚀，也就渐渐丧失了斗志。要想自己的目标能够实现，则要奋发图强，不断努力，追求自由但不可超越现实。就让我们一起插上梦想的羽翼，翱翔在广阔的天空中吧。

要想实现理想，就必须刻苦攻坚，勤于志学。这是我们的优良传统。刻苦攻坚，即对任何事情不放弃，采取科学有效的方法，不断探索新领域，迎难而上，攻克难题。立志勤学，就是为自己立下的志愿勤奋学习，刻苦练习。郭沫若曾说过："形成天才的决定因素是勤奋。它是成功的先决条件。从古到今，凡是有理想抱负、刻苦勤奋的人，才能取得更好的成绩，做出更大的贡献。"

所谓"业精于勤，荒于嬉"，成功是由一个个小成绩积累起来的，"一分耕耘，一分收获"，只要我们从今天开始努力，他日一定会是硕果累累。努力从今日始，你们就能踏入人生最辉煌的圣殿。祝愿大家多努力，再努力，战胜成长道路上的一个个难题，为着我们二十年后的相聚，多创佳绩！

第十章 主题设计与组织（四）习惯决定人生

主题设计

1. 关键词点击

（1）**主题词**：完善 成功

（2）**名言录**：

★美德大多存在于良好的习惯中。

——佩 利

★播种行为收获习惯；播种习惯收获性格；播种性格收获命运。

——威廉·詹姆士

（3）**案例库**："早"字的故事，徐霞客的故事，大学问家司马光的故事。

2. 活动设计

（1）**活动准备**：请同学们收集有关习惯、人生的材料；邀请嘉宾谈人生中的好习惯；组织学生表演相声、小品及现场组织小辩论赛。

（2）**媒体撷英**：电视机、放像机、麦克风等。

习 惯

（3）**课堂类型**：电视访谈节目。

（4）**活动构想**：让学生感受到好的习惯对人终身有益，并决定着我们的将来，同时意识到习惯的力量是巨大的，应及早发现自身的不良习惯，勇于去矫正它。

组织与实施

1．目标认识

（1）**目标**：根据学生的自身体会不良习惯的危害性，从而让他们认识到有好习惯的重要性，并且全面提高他们的素质。

（2）**认识**：通过实战演习让学生们体会到了不良习惯的危害，从而让学生改变现状。

2．互动要点

方案一

（一）主题引入

甲、乙：观众朋友们，大家好！

甲：我是主持人××

乙：我是主持人××

甲：欢迎大家踏上"成功之路"，这期我们的话题是"习惯与人生"。

乙：我们先来和现场的同学做个小游戏，请各位朋友跟我配合一下，一起来做，请朋友们双手相对，十指交叉，注意观察拇指的位置。

甲：好，跟着我再做两次。

乙：请这位观众告诉大家这三次的感想。

观众：总是右手的大拇指在外。（其他观众表示结果与其相同）

甲：这可以说是一种习惯。

乙：约翰·梅纳德·凯恩斯曾说过："习惯形成性格，性格决定命运。"

甲：巴金也曾说过："孩子的成功教育从好习惯培养开始。"

乙：毫无疑问，每个人的行动都是由习惯来支配的。

（二）感情流露

甲：俗话说：习惯成自然。有好习惯自然能使人成功，这是古往今来，人们给我们的启示。我们来看几个名人故事。

（讲述名人故事）

乙：由于好习惯，这些伟人都取得了非凡的成就。

甲：中学阶段是形成好习惯的重要时期。

乙：昨日的习惯造就了现在的我们，但今日的习惯会影响以后的我们。不过现在我们身边还有着一些不好的习惯。请看小品——《今天真倒霉》。

甲：唉，这位同学今天的确够倒霉的。

乙：我不这么想，任何事情都是有原因的，他所谓"倒霉"其实是他本身懒惰散漫、厌学等不好的习惯引起的，如果不良习惯不能及时纠正，会影响一生。

甲：没错。乌纳穆诺曾说过："当你开始依照习惯行事，你的进取精神就会因此丧失。"

乙：哪些好习惯能使我们成功呢？

甲：今天，我们特地邀请了一位嘉宾，来给我们讲一讲中学生应具备的良好习惯。

乙：让我们掌声欢迎嘉宾。（嘉宾讲座：《贵在养成习惯》）

甲：感谢嘉宾的讲座，我们都收获不小。

乙：伊拉斯谟说："一根钉子挤掉另一根钉子，习惯要由习惯来取代。"我们正是要用这些好习惯去取代那些不良习惯。

甲：成长与痛苦如影随形，要改掉恶习则需要更努力。

（三）激情互动

乙：要改正，我们首先要了解自己，知道自己有哪些不良习惯，这倒是个麻烦事。

甲：不麻烦，我听说最近新开了一家特色医院。

乙：什么医院？

甲：叫"不良行为习惯治疗中心"。

乙：咱们一起去看看！

甲：好，走。（播放录像短片）

乙：我们先去哪儿？

甲：别着急，我们先去那边看看吧。（相声——急诊）

乙：让我也去看一下医生。

甲：看把你急的，你改天再来，还有其他地方带大家看。那儿有个行为习惯全科，里面好像有人了。

乙：咱们悄悄进去，别影响了别人。

甲：原来是专家会诊，挺有针对性的。

乙：这家医院很不一样，没有穿制服的医生，氛围像一所学校！

甲：到那边看看。

乙：听，好像有人在吵架似的。

（学生辩论会：正方：中学生应着重综合素质培养，劳动卫生同样重要；反方：中学生应着重综合素质培养，劳动卫生不很重要）

甲：辩论得好激烈啊！

乙：这里有牌子，劳动卫生习惯科。

甲：哎呀，时间不早了，该走了。

（四）情感升华

甲：观众朋友们，大家好！通过刚才的表演大家体会到了什么？希望大家踊跃发言。（同学发言）

乙：看来大家都已经对好习惯和坏习惯有了深刻的认识。习惯决定人生成败。

甲：下面请听散文朗诵：《展望成功》。（学生朗诵）

乙：从美好的语句中我们看到了希望。

甲：是的，好习惯能帮助你成功。

乙：它会引领你步入圣洁的人生境地，鼓起你生活的风帆。

甲：它会让人学会笑对人生，达到成功。

乙：让我们播种自己的行为，收获良好的习惯。

甲：让我们播种良好习惯，收获我们完美的人生。

乙：做一个高素质的人是我们追求的目标。

甲、乙：要严于律己，从点滴做起，慢慢养成好的习惯，成为一个全面发展的中学生。迈向成功的人生，共创美好明天！（结束）

方案二

（一）主题引入

学生试举"习惯与人生"的名言，选取经典的名言，出示并齐读。

（二）感情表露

讲名人小故事，挖掘他们的优点。

（三）畅所欲言

谈谈自己对好习惯的理解。

（四）自由讨论

谈谈你怎样改掉坏习惯，让自己的人生更美好。

3. 活动链接

（1）活动前链接：调查统计班里有好习惯和坏习惯的同学，寻找班级有好习惯的同学，搜集名人的相关故事。

（2）活动后链接：争做好习惯榜样。

班会评估

1. 自我评估

A. 预期评估：＿＿＿＿＿＿＿＿＿＿＿＿

＿＿＿＿＿＿＿＿＿＿

B. 实录评估：＿＿＿＿＿＿＿＿＿＿＿＿

＿＿＿＿＿＿＿＿＿＿＿＿

2. 反馈矫正　＿＿＿＿＿＿＿＿＿＿＿＿

＿＿＿＿＿＿＿＿＿＿＿＿

延伸阅读

1. 名人小故事

"早"字的故事

鲁迅先生小时候学习很刻苦，然而有一次他上学迟到了，他的心里很难受，因此他决定用小刀在桌子上刻个"早"字。以便每次坐在桌前都能看到它，来时刻提醒自己不要迟到。久而久之，他便养成了不迟到的好习惯。不只如此，鲁迅先生还严格要求自己，时刻督促自己凡事要早做，这样下去就成了习惯。这两个好习惯影响着他的一生，为他的成功奠定了很好的基础。

徐霞客与《徐霞客游记》

徐霞客是明代地理学家、旅行家和文学家，自他 22 岁出游开始，就以"问奇名山大川为志"，把旅行作为一项事业来做。他以日记的形式详细记录了他一生在旅行中的所见所闻。徐霞客在跋涉一天后，无论在哪里，无论多累却从未间断过，坚持把每日的日记记录下来，以便后人阅读，并整理成一部集地理和文学于一体的"奇书"——《徐霞客游记》。

大学问家司马光

北宋大学问家司马光小时候学习认真刻苦，于是他养成了一个比别人多读多看、多背多思的读书习惯。老师布置读《史记》，别的同学完成老师布置的阅读量便无所事事了，而他则比其他同学多读一些，并争取把读过的内容都背下来，还对其中的问题大胆思考和求证，老师非常欣赏他。而司马光也正是因为这一读书习惯，成为了宋代著名的文学家和历史学家。

2. 情景小品：《今天真倒霉》

小华：唉，真困！是不是昨晚因做功课睡得太晚了？老实说，我并不清楚昨晚的作业是啥，光顾着玩游戏了，所以睡晚了。好了，不说了，我得赶早点儿，要不就迟到了。

老师：小华，怎么进教室不报告？

小华：（小声嘀咕了一声），真不走运，被逮到了。

老师：为什么又迟到了？

小华：……

老师：你的作业呢？交过来。

小华：（打开书包，装作找作业本，过了一会儿）老师，我忘在家里了。

老师：忘家里了？

小华：（假装很无辜）是真的忘家里了，要不您给我爸打电话吧。

老师：好吧，老师相信你，进来上课吧。

小华：（边走边低声说）下课赶紧跟别人借了抄下来，下午交给老师。（走到座位旁，把桌椅弄出很大的响声，扑通坐了下来，许多同学投来反感的目光，他装作没看见，拿出一本书放在桌上。）

小华：（低声对戴眼镜的同桌小李说）哎，四眼李，你还认真什么呀！我昨晚玩了个新游戏，挺有意思的，要不要一起玩？

小李：……（没有理他，把头转向了另一边）

小华：……死四眼狼，装什么好学生。（二节课下）

小华：肚子好饿，吃一个香蕉。（随手将香蕉皮扔在地上）

小明：小华，把香蕉皮捡起来，别人不注意会摔跤的。

小华：（眼一瞪）关你啥事？只要我不摔跤管别人呢。（说罢自己踩了上去）

小华：他妈的，哪个龟儿子乱扔香蕉皮，把老子摔了一个大跟头……

小明：你自己扔的还怪别人？

小华：（哑口无言地瘫坐在椅子上，手摸着腿上的伤）唉，今天真倒霉！

3．好习惯的例子

习惯贵在养成

教育，能帮助人养成好的习惯。要培养学生良好的学习习惯，包括 12 种：（1）记忆习惯，（2）演讲习惯，（3）读的习惯，（4）写的习惯，（5）制订计划的习惯，（6）预习的习惯，（7）适应老师的习惯，（8）小事赶快做的习惯，（9）自己留作业的习惯，（10）整理错题集的习惯，（11）出考试题的习惯，（12）筛选资料、总结的习惯。以上这 12 种习惯很重要，如果养成了这些习惯，会有意想不到的效果，成绩也自然有所提高。

4．中学生应具备的好习惯

学习好的学生大多都是从小养成良好的习惯，而学习稍差的学生往往缺乏好的学习习惯。那么好的学习习惯包括什么呢？按计划学习、专时专用、讲求效益的习惯和独立思考的习惯，还有查字典和工具书的习惯及善于问问题的习惯。若能结合自身条件，养成这些习惯，成绩会有明显的进步。

5．如何养成良好品行

主要有四个方面：

（1）培养良好的行为方式

良好的行为习惯要从小事做起，贵在坚持。①生活要有条理。②先易后难，从小事做起。③让父母协助自己，切忌各自唱一调。

（2）培养自尊心

有出息的同学都有自尊心。自尊心是一种评价和体验，自尊心是一个人进步成长的基石，是激发个人斗志的一种动力。应注意四点：

①相信自己，不轻言放弃。②培养兴趣，爱好而增强信心。③鼓励自己参与竞争，但不盲从。④给自己多的自主权，让自己多提问，多参与讨论。

（3）学会节约

节约是一种传统美德。家长应控制学生的零花钱，并对消费的细节有知情权，让家长知道钱花在什么地方。不过花钱从另一方面也能让学生了解市场，知道钱的重要，从而培养孩子更好地理财。

（4）讲文明懂礼貌

文明礼貌是衡量一个学生的道德水平。要礼貌待人、文明做事、使用礼貌用语，切忌表现出"骄傲、不良习惯、缺乏理智"的粗俗风度。做一个文明礼貌的好公民。

6. 朗诵材料

现在，让我们从头开始。现在，我要与恶习说再见，我要远离所有恶习导致的挫败。现在，我要从文明之树上，用勤劳的双手摘下智慧的果实。现在，我要播种好习惯的种子，让它结成成功的种子，让新的生命在我身体里孕育。我面前选择的道路充满希望，也不乏绝望困苦。无数的失败者躲在墙角哭泣。然而我不会像他们一样失败，因为我已播下了成功的种子，可以带我穿过荒漠与海洋，抵达梦中的仙境。失败不再是必需的代价，它和痛苦都将离我远去，它们和我不属于同一个世界。我不要像过去一样接受它们。我要在良好的行为习惯的指引下，走出失败的阴影，走入富足、健康、快乐的园地，摘取我从没梦想过的光荣。我深深地认识到成功与失败的最大区别，来自于不同的习惯，好习惯是成功的钥匙，坏习惯是失败的大门。我坚信，只要我们每天为新习惯花时间，就能慢慢改变自己，让自己成为一个满怀喜悦的成功者。现在，环境模式已打碎，我要在人群中昂首挺胸。现在，我们已焕然新生。

7．名言集锦

★习惯真是一种顽强而巨大的力量，它可以主宰人生。

——弗朗西斯·培根

★在儿童时期没有养成思考的习惯，将使他从此以后一生都没有思考的能力。

——卢　梭

★好的习惯愈多，生活愈容易，抵抗引诱的力量也愈强。

——詹姆斯·马克思

★习惯是人生的最大指导。

——休　谟

★是否真有幸福并非取决于天性，而是取决于人的习惯。

——爱比克泰德

★美德大多存在于良好的习惯中。

——佩　利

★在日常事物的自理中，一盎司习惯抵得上一镑智慧。

——托·布·里德

8．经典哲理

（1）好习惯是财富，生老病死是自然规律。相聚是缘，分离也是缘，习惯决定你的人生。不要做习惯的奴隶，要做习惯的主人。

（2）习惯与人一生相伴，主导人的生活理念和发展方向。习惯很重要，它可以决定人的一生。

（3）习惯决定命运，性格决定命运。好习惯让人独立能更好做事情，影响人生成败。好习惯的养成要不断积累，教育培养好习惯的过程，有了良好的习惯，成绩就会进步。

9．推荐阅读作品

《习惯的力量》［美］杰克·霍吉

《给青少年学生的十二条忠告》［美］戴尔·卡耐基

第十一章　主题设计与组织（五）成功属于强者

主题设计

1. 关键词点击

（1）**主题词**：成功　奋斗　坚韧

（2）**名言录**：

★骐骥一跃，不能十步；驽马十驾，功在不舍；锲而舍之，朽木不折；锲而不舍，金石可镂。

——荀　子

★在科学上没有平坦的大道，只有不畏劳

直面挫折

苦沿着陡峭山路攀登的人，才有希望达到光辉的顶点。

——马克思

（3）**案例库**：

勾践卧薪尝胆、司马迁与《史记》、自学成才的列宁等。

2. 活动设计

（1）**活动准备**：收集有关"意志"的名人名言及名人小故事，安排专人表演哑剧，进行诗朗诵。

（2）**媒体撷英**：多媒体、录音机、磁带。

（3）**课堂类型**：表演互动。

（4）**活动构想**：通过表演，现身示范及讲名人小故事等，让学生认识到坚强的意志是成功的奠基石，每个人从小就应培养自己坚强的意志，奠定成功的基石。

组织与实施

1. 目的认识

（1）**目的**：让同学们知道意志力对行动的促进作用；清晰地认识到坚强意志能让我们战胜困难走向成功。

（2）**认识**：让学生们锻炼坚强意志和决心，是成功的重要条件。

2. 互动要点

方案一

（一）情景切入

甲、乙：尊敬的各位领导、老师、同学们：大家好！

甲：科学上没有平坦的大道，只有不畏劳苦敢于攀登的人，才有希望达到成功。

乙：人生道路上从不缺乏挫折和痛苦，一般人都望而生畏，只有意志坚强的人例外。

甲：伟人做事从不半途而废。

乙：强者会在生命旅途中不断努力。

甲、乙：我们相信：人的意志和劳动将创造奇迹。

甲：××班"坚强意志造就成功"主题班会现在开始。

乙：请大家看大屏幕。

（"神舟九号"上天的片段）

甲：伴着火箭的轰鸣，我国自行研制的载人飞船"神舟九号"升空了。

乙：它凝聚了国人的盼望与期待！

甲：在这成功的背后又凝聚了多少科研工作者的艰辛与付出！

乙：下面我们再看大屏幕：

（放映研制"神舟九号"过程工作人员克服各种困难的情景）

甲：我想让同学们谈谈，在"神舟九号"发射成功的背后，你们有什么感想？

（同学发言）

乙：为什么他们能克服一个又一个的困难呢？

（同学发言）

乙：是的，他们每个人都有着坚强的意志，所以再大的困苦在他们面前都显得微不足道。

甲：他们的成功，更让我确信"胜利将由最有耐力的人获得"。

（二）真情告白

乙：坚强的意志是走向成功的基础，无数成功的事例一直鼓舞着我们，下面请大家听几则名人小故事。

（勾践卧薪尝胆、司马迁与《史记》、"军神"刘伯承）

甲：这些伟人，他们的意志无比坚韧，正是坚韧的意志造就了他们的成功，他们是我们学习的榜样。

乙：我们中学是一个高手云集的学校，每个学生都很优秀，许多同学也都有超凡的毅力，同学们能不能说一说，发生在你身边的一些同学用自己顽强的意志力克服困难的事例？

（同学发言）

甲：同学们讲了这些典型事例，我很自豪能和这样的人一起学习。

乙：下面有请我们班主任讲一讲关于中学生意志力的培养。

（老师发言）

甲：感谢老师精彩的发言，我想只要同学们照着老师所说的去做，一定会成为一名意志坚强的中学生。

（三）激情互动

乙：到目前为止，同学们想一想自己是一个意志坚强的人，还是意志比较薄弱的人呢？

甲：看来同学们都非常想知道自己属于怎样的人，是啊，"知己知彼，百战不殆"嘛！好，下面我们做一个关于意志力的测验。

乙：请同学们看大屏幕，完成下面测试。（完成自测题）

甲：通过观察我发现有同学很高兴，有同学很失望，我想送给一脸沮丧的同学一句格言："你的内心是怎样想的，你就会成为怎样一个人。"

乙：是啊，如果你想让自己成为一个意志顽强的人，你就会成为一个意志顽强的人。

甲：下面我们想做一个小游戏，我想请在自测中分数较高的5名同学到前面来。

乙：现在，我们要进行的是一个小比赛。

甲：比赛的方法是：身体直立，两手臂打开，与肩平齐，掌心向上，看谁坚持的时间长。

乙：好，准备，计时开始。

（学生比赛）

乙：最终的结果已经出来了。

甲：你们可以各自谈一下感受。（参赛者谈感受）

乙：5位选手各自说了自己的感受，激励了大家，用坚定的信念战胜了自己，每个人也是在一次次战胜自我中走向了成功。

甲：让我们以热烈的掌声感谢这5名同学，祝福他们！

乙：下面请同学们欣赏哑剧表演《今天你怎么过？》

（学生表演）

甲：首先我们以热烈的掌声感谢这两位同学的精彩表演。

乙：这两位同学的表演是很有启发意义的，我想请同学们谈谈你的感受。

（学生谈感受）

甲：同学们的发言，让我觉得，我们每位同学都已发现"患难困苦，是磨炼人格之最高学府"。

乙：成功在不远处召唤我们。

（四）情感升华

甲：在勇敢者的字典里没有"难"字。

乙：人的意志将创造奇迹。

甲：请欣赏配乐诗朗诵《海的意志》。

（学生表演）

乙：从优美的诗句中，我们看到了希望。

甲：从铿锵的语调中，我们感受到了力量。

乙：我们每个人都有自己的理想。

甲：同学们，要想实现我们的理想，首先应具备哪些条件？

（学生说：坚强的意志）

乙：对，因为坚强的意志是事业成功的奠基石。

甲：让我们对着大屏幕，读出我们的誓言。

（齐读）

男生：我们知道，科学上没有平坦的大道。

女生：我们知道，生活充满委屈和苦楚。

男生：但我们懂得，只要功夫深，只怕有心人。

女生：我们懂得，顽强的毅力可以穿越险阻的。

合：让我们铸就钢铁般的意志，去经受生活的考验，去接受人生的挑战，去迎接成功的喜悦。

甲：最后让我们在歌声中结束我们的主题班会。

（播放江涛演唱的《愚公移山》）

合：祝愿我们大家，未来更美好。

方案二

（一）情景切入

由红军长征途中的影片资料导入或以《上甘岭》电影片段导入，明确：坚强的意志是革命成功的保证。

（二）真情告白

讲爱迪生发明电灯泡或诺贝尔发明炸药的故事，明确意志是事业成功的保证。

（三）激情对对碰

学生自由谈论——学习生活中困难该如何面对，会有什么样的结论。并介绍培养顽强意志的方法。

（四）情感升华

制定意志力培养训练表，立即付诸行动。（播放歌曲《阳光总在风雨后》）

3．活动链接

（1）活动前链接：挖掘班级中意志较坚韧的典型同学，搜寻有关名人的小故事。

（2）活动后链接：时刻注意意志力的训练，争做意志坚强的人，参加长跑等体育运动。

班会评估

1．自我评估

A．预期评估：＿＿＿＿＿＿＿＿＿＿

＿＿＿＿＿＿＿＿＿＿

B．实录评估：＿＿＿＿＿＿＿＿＿＿

＿＿＿＿＿＿＿＿＿＿

2．反馈矫正 ＿＿＿＿＿＿＿＿＿＿

＿＿＿＿＿＿＿＿＿＿

延伸阅读

1. 名人小故事

卧薪尝胆

公元前 494 年，吴国与越国交战，越国战败。3 年以后，吴王把勾践夫妇放回越国。勾践回国后，下决心要洗清耻辱。他让自己睡在杂乱的柴草堆上，并在房梁上挂着一只苦胆，每天起床、睡觉和吃饭时，他都要尝尝苦胆的滋味，让自己不忘在吴国的耻辱。公元前 473 年，勾践重整旗鼓，攻打吴国，并获得胜利。

司马迁与《史记》

司马迁由于李陵事件的牵涉被处以宫刑。他曾经万念俱灰，想一死了之。他整日躲在屋里，一度想到了自杀。可当他看到写了一大半的《史记》时，他又放弃了死的念头。他想："为了完成《史记》，我一定要活下去。困难再大，也决不动摇！"

就这样，司马迁憋着一股气，不分昼夜，不停地写呀写呀。司马迁整整奋斗了 18 年，终于完成了《史记》。

自学成才的列宁

17 岁的列宁由于参加政治活动，被学校开除了。"你们可以开除我的学籍，但开除不了我求知的心，我要在校外上大学！"就这样，列宁抱着这个坚定的信念，开始了刻苦自学的历程。

他搬到喀山市近郊的一个小村庄。一年过去了，他自学完成了大学的全部课程。后来，他以校外生的资格参加了彼得堡大学的毕业考试。让人想不到的是，他在所有考生中高居榜首，获得了甲等毕业证书。

"战神"刘伯承

一次战斗中，刘伯承右眼被子弹打坏了，需要摘除坏死的眼球，还要把所有的腐肉割去。在做手术前，他认为麻醉会让大脑变迟钝，不使用麻醉剂。手术时，他一动不动，只见汗水直流，两腿绷直，直到做完手术，始终没有叫过一声。更让医生吃惊的是，刘伯承还告诉他，手术一共动了64刀。

医生情不自禁地喊道："你是一尊会说话的铜像，用我们德国的话说，你堪称为'战神'"！

2. 意志力自测验

根据你的实际情况，选择一个最适合你的答案：A. 很符合自己的情况，B. 比较符合自己的情况，C. 介于符合与不符合之间，D. 不大符合自己的情况，E. 很不符合自己的情况。

（1）长跑、登山是我的爱好，但并不是因为我的身体条件适应这些项目，而是因为这些运动能够锻炼我的体力和意志。

（2）我给自己订的计划，常常因为一些原因不能如期完成。

（3）没有特别的原因，我没有睡懒觉的习惯。

（4）我的生活没有什么规律性，是根据自己的情绪和兴致而变化。

（5）我信奉"凡事不干则已，干则必成"的信条，并身体力行。

（6）我认为做事情不必太较真儿，成与败都顺其自然。

（7）我认为一件事重要，我就会去做，反之，我不会全力以赴的。

（8）临睡前，我下决心第二天要干一件重要事情，但到第二天就没有这种冲劲了。

（9）在学习和娱乐发生冲突的时候，即使这种娱乐很有吸引力，我也会马上决定去学习。

（10）我常因读一本引人入胜的小说或看一出精彩的电视节目而废寝忘食。

（11）只要我想做的事，无论多难我都会做好。

（12）我在学习中遇到了困难，首先想到的就是问问别人有什么办法。

（13）我能持之以恒做一件事情，即使它很无味。

（14）我的兴趣常常改变，做事时常常是这山望见那山高。

（15）我决定做一件事时，就立刻行动，决不拖延或让它落空。

（16）我喜欢先做简单的事，难的能拖就拖，如实在不行就先做能做的。

（17）对于别人的意见，我从不盲从，总喜欢分析、鉴别一下。

（18）只要比我有能力的人，我很信任他们的看法。

（19）我遇事喜欢自己拿主意，当然也不排斥听取别人的建议。

（20）生活中遇到复杂情况时，我常常犹豫不决，拿不定主意。

（21）我不怕做我从来没有做过的事情，也不怕一个人独立负责重要的工作，我认为这是对自己很好的锻炼。

（22）我天生胆小，有把握的事我才会去做。

（23）我和同事、朋友、家人相处时，很有耐心，从不无缘无故发脾气。

（24）在和别人争吵时，我有时虽明知自己不对，克制不住说一些过头话，甚至骂对方几句。

（25）我希望做一个坚强的、有毅力的人，因为我深信"有志者事竟成"。

（26）我相信机遇，很多事实证明，机遇的作用有时大大超过个人的努力。

评分规则：

单数题号，A记5分，B记4分，C记3分，D记2分，E记1分；双数题号A记1分，B记2分，C记3分，D记4分，E记5分。各题得分相加，统计总分。

你的总分：_____

111分以上：说明你的意志很坚强；91～110分：说明你意志力比较坚强；71～90分：说明你意志力一般；51～70分：说明你意志比较薄弱；50分以下：说明你意志力很薄弱。

3. 哑剧表演：《你的一天怎样度过》

一位同学读旁白：

（1）早晨，半睡半醒的你沉醉在温暖的被窝中想继续睡，再睡一会吧？

（2）上课了，你老是走神，噢，原来你还念念不忘昨晚的足球赛，怎么办？

（3）晚上，该学习的时间，但你最喜欢的电视节目是这个时候，如何是好呢？

另一位同学表演，同时进行，相互配合。

4. 配乐诗朗诵

海的意志

幻　弦

——天哪！天哪！

在梦的漩涡里，

我是时常做着

苦痛的呻吟的。

可是飓风袭来了，

我是一个浪，

这是海的意志。

不容你多想，

忘了自己，

不再垂短蜡之泪——

伟大的，海的意志呀！

伟大的，海的意志呀！

5. 名言警句

★路漫漫其修远兮，吾将上下而求索。

——屈　原

★故天将降大任于是人也，必先苦其心志，劳其筋骨，饿其体肤，空乏其身，行拂乱其所为，所以动心忍性，增益其所不能。

——孟　子

★老当益壮，宁移白首之心；穷且益坚，不坠青云之志。

——王　勃

★有志者，事竟成，破釜沉舟，百二秦关终属楚；苦心人，天不负，卧薪尝胆，三千越甲可吞吴。

——蒲松龄

★有恒心、毅力，方能成功。

——周恩来

★卓越的人的一大优点是：在不利和艰难的遭遇里百折不挠。

——贝多芬

★伟大人物最明显的标志，就是他坚强的意志。

——爱迪生

★艺术的大道上荆棘丛生，这也是好事，常人都望而却步，只有意志坚强的人例外。

——雨　果

★人要有毅力，否则将一事无成。

——居里夫人

★顽强的毅力可以征服世界上任何一座高峰。

——狄更斯

6. 青春寄语

生活就像远航，有时会有暴风雨。我们只能用自己的努力和智慧努力前行，才能冲破险阻。

要有目标，但实现它是个漫长而又艰难的过程，但这也是磨炼意志重要的方法。只要有信心、耐心和勇气，幸福就在不远处向你招手。

继续前行，扬起希望的风帆，不管暴风骤雨，不畏悬崖绝壁，我们都要迎难而上，从而来体会生活的意义。

人生在于坚韧不拔的精神，而毁于急躁的个性，在最危急的关头，告诉自己"要冷静，别放弃"，继续前进，相信成功就在眼前。

7. 经典哲理

坚毅必能有所成

永不妥协是流行的一个词语，但在现实中，人们有时会为了这样那样的事情逐渐放弃了自己的原则。表面上看似得到了一些利益，但实际上要想取得更好的成就，必须坚持不懈。

世界上的思想家，那些深谙事理的人，都常常以不同的方式来说明坚持的重要性。莎士比亚曾说过："雨能穿石。"比莎士比亚早17个世纪之前，罗马哲学家和诗人留克利希阿斯曾说过同样的话："水滴石穿。"

18世纪英国的大政治家艾蒙德·柏克提供了一个建议，他也相信"坚持"原则的力量。他说："永远不要绝望。就是绝望了，也要在绝望中努力。"

坚韧的意志是成功的保证

坚韧不拔是开启困难大门的钥匙，它可以使你取得好的成就。当人们遇到生死困难，遇到考验时，一定会想到相应的对策，不至于被困难压倒，要坚强地活下去。

坚韧的意志，是一切成就大事业的人所具有的品质。他们或许缺少其他优良的品质，或许有各种弱点与缺陷，然而他们具备了坚韧的意志。劳苦不足以使他们灰心，困难不会击垮他们。不管处境如何，他们总能充满韧性，因为坚强是他们的性格。

你曾经看见过一个不知失败为何物的人；一个不知何时才算受挫的人；一个要将"不能"、"不可能"等字眼，从他的人生字典中抹去的人；一个任何灾祸、不幸都不足以使他灰心的人吗？假如你曾经看到过这样一个人，那他就是你曾经看见过的一个伟人、一个人上人。

坚持的力量是最难能可贵的一种品质。许多人都肯随众向后转时，而他自己觉得是在孤军奋战时，要是仍然能坚持着不放手，这就更难能可贵了。这是需要毅力的。

没错，只要有坚韧力、耐心和自信心，我们就能不畏艰险，勇往直前，一定能成功。

8. 推荐阅读作品

《人性的优点》〔美〕戴尔·卡耐基

第十二章　主题设计与组织（六）
直面挫折

主题设计

1. 关键词点击

（1）**主题词**：挫折　自信　成功

（2）**名言录**：

★宝剑锋从磨砺出，梅花香自苦寒来。

★大雪压青松，青松挺且直。

——陈　毅

★挫折和不幸，是天才的晋身之阶；信徒的洗礼之水；能人的无价之宝；弱者的无底深渊。

——巴尔扎克

★超越自然的奇迹多是在对逆境的征服中出现的。

——培　根

（3）**案例库**：

"科学的立法者"开普勒、奥斯特洛夫斯基、"乐圣"贝多芬、汉高祖刘邦等人的故事。

2. 活动设计

（1）**活动准备**：挑选男女两位主持，并对他们进行必要的训练。表演小品、朗诵、独唱的同学准备好节目。

收集有关成功者战胜挫折取得成功的经验事例和名言警句。

（2）**媒体撷英**：麦克风及音响一套，录音机 CD 片多媒体。

（3）**课堂类型**：表演与讨论。

（4）**活动构想**：使学生认识到人生旅途中难免遇到坎坷和挫折，应有驾驭挫折的各种能力和接受挫折的心理准备，有变挫折为动力的意识。使学生懂得"失败乃成功之母"的道理。

组织与实施

1. 目的认识

（1）**目的**：使学生了解在人生的旅途中遭遇挫折是不可避免的，重要的是提高自身对挫折的心理承受力，不被挫折压垮，在挫折中前进。

（2）**认识**：如何直面挫折，化消极为积极，更完美地塑造自己。

2. 互动要点

方案一

（一）情景导入

甲、乙：尊敬的各位领导、老师、同学们：大家下午好！

甲：月有阴晴圆缺，人有旦夕祸福。

乙：在每一个人的人生旅途中，由于自身、环境、机遇、天灾人祸等各种各样的原因，难免会遭受种种打击。

甲：众叛亲离，妻离子散；

乙：疾困交加，含冤受辱；

甲：名落孙山，职场失利；

乙：坏者不能避，好者不能取；

甲：爱恨交织，欲罢不能。

乙：这就是我们所说的遭遇到了挫折。

甲：我们不少同学意志脆弱，经不起任何风险和挫折，遇上挫折就不能自拔，心灰意冷，甚至一蹶不振。

乙：其实，挫折并不可怕，挫折并不都是坏事。当你摔了一跤时，爬起来好好想想"为什么摔跤了","怎样才能避免摔跤",……你就会从中找到摔跤的原因和避免摔跤的方法，从此也就不会摔跤或少摔跤。这样的挫折难道不是一件好事，难道不是一种意想不到的收获？下面请看小品《难道我比别人矮一截》。

甲：他到底该怎么办，下面请同学们讨论。

显示三种情况：A. 最后走上轻生之路；B. 从此消沉下去；C. 正确对待。

乙：现在请同学们讨论哪种做法好？为什么？

热烈的讨论后回答。

（二）真情告白

欣赏关于名人受挫崛起的故事。

乙：历史上的传世佳作、千古名篇，哪一篇不是作者历经重重困难在逆境中完成的？历史上的伟大人物，又有哪一个不是经过逆境与挫折的磨炼后才走向成功的？

甲：下面请听同学讲的故事。（同时多媒体播放名人画像）

同学 A：司马迁遭受宫刑后，忍受着精神和肉体的双重折磨，经过 18 年的艰苦努力，终于完成了旷世名著《史记》。

同学 B：奥斯特洛夫斯基历经战争和极端艰苦劳动条件的磨难导致全身瘫痪、双目几乎失明，在极端困难的条件下，他以坚强意志为支撑，写出《钢铁是怎样炼成的》这部名著，影响了世界上的几代人。

同学 C：还有孙中山，奔走革命，屡战屡败，但最终一举推翻封建帝制；邓小平，几起几落，最终带领我们迎来了改革开放的春天。

同学 D：春秋时期的越王勾践，曾经被吴国打得大败，成了吴王的奴仆。面对这样惨重的失败，他不是从此消沉，而是卧薪尝胆，从失败中吸取教训，积聚力量，终于反败为胜。

同学 E：居里夫妇，在提取新元素的实验过程中，虽然一次又一次地失败，可他们却毫不气馁，信心十足，不断总结，坚持实验。他们终于成功地发现了镭，对人类做出了巨大的贡献。

乙：可见，失败并不可怕，把每一次失败都看作新的起点，万里关山从头越，坚持不懈，加倍努力，那就一定能成功。

（三）思想碰撞

乙：下面让我们一起来看看两个真实的事情吧，请看投影（学生朗读）：《学踢毽子》。

甲：亲爱的同学，现今的家庭由于独生子女的大量存在，大多家长只教育孩子要学习好，而忽视了他们的心理因素及一些相关的压力。当你们看了上述正反两个例子后，作为独生子女的我们，有什么感想呢？请大家认真思考，讨论之后请积极发言。

乙：你所经历的最大挫折是什么？（学生举例发言略）

甲：通过这堂班会课我们了解了挫折，那么应该怎样对待挫折呢？请大家就此展开讨论后发言。

同学 A：认清自己，正视现实，适应环境。接受他人，善与人相处。热爱学习，学会休息。

同学 B：富兰克林曾说过："对于不知足的人，没有一把椅子是舒服的。"中国古语也有一个例子，有一个好环境不如有一个好的心境，我们应把内心放平和，不要什么都攀比。经常看别人的优点，不要拿他人的优点与自己的缺点相比较。失败是成功之母，失败了才能体会成功的意义。

同学 C：先冷静下来，再看问题，这样会更理智地认识问题。珍惜现在，不要让时光逝去。有时候放弃也是一种美。人生在世不能事事如意，得失常在，也要舍得放弃。

同学 D：上公交车的时候，人们一窝蜂似的冲向车门，不断往上挤，其实越挤反而越上不去，而且还慢，有秩序上车反而快。俗话说：忍一时风平浪静，退一步海阔天空。

甲：挫折往往导致失败，那么挫折是否就等同于失败呢？

乙：挫折是在从事有目的的活动过程中，遇到障碍或干扰，致使个人目的不能实现，需要不能满足时的一种情绪状态。

甲：而失败是对活动过程的结果的评价。

乙：所以说挫折并不等于失败。既然如此，我们在学习、生活中遇到挫折就大可不必一蹶不振，需要坦然面对。

甲：请欣赏独唱：郑智化的《水手》（表演略）

（四）情感升华

甲：同学们，挫折——人生的催化剂；

乙：挫折——成长的"加速器"。

甲：挫折，磨炼你的意志；

乙：挫折，会使你越过高山，走过戈壁；

甲：挫折，会使你迈向成熟；

乙：挫折，会使你走向成功。

方案二

（一）情景导入

学生表演情景剧：《母亲的苦恼》。

（二）真情表白

在生活中，你的父母对你是不是也是关爱有加呢？对此你是怎样想的呢？

（三）思想碰撞

（1）看了刚才的表演，你的想法是否有所改变呢？

（2）欣赏名人在逆境中奋进的故事。

（3）听了这些名人的事迹，你肯定有很多感想。那么，你又将如何面对以后的许多挫折呢？

（四）情感升华

女：不怕摔跤的孩子先学会走路。挫折并不可怕，可怕的是失去追求的目标和毅力。

男：挫折本来就是生活的组成部分，也是人生的宝贵财富。

男女合：只要我们迎难而上，勇敢出击，一定能"长风破浪会有时，直挂云帆济沧海"。最后，让我们共同朗诵一首诗歌《请相信》结束我们的班会。

3. 活动链接

（1）**活动前链接：**同学们回想一下日常生活中遇到的一些挫折，选择出有代表性的几个，并搜索有关挫折的故事和实例等。

（2）**活动后链接：**

思考题：平日里，我们会时常遇到一些不顺心的事，学习成绩达不到自己的目标，没能考上理想的学校；家庭作业过多，不能按时完成；没有机会显示自己的才能和兴趣；求知欲得不到满足；在人际关系上，交不到知心朋友；经常受到同学的讽刺等等，你认为应当怎样正确对待学习和生活中不顺心的事？

班会评估

1. 自我评估

A. 预期评估：＿＿＿＿＿＿＿＿＿＿＿＿

＿＿＿＿＿＿＿＿＿＿＿＿

B. 实录评估：＿＿＿＿＿＿＿＿＿＿＿＿

＿＿＿＿＿＿＿＿＿＿＿＿

2. 反馈矫正 ＿＿＿＿＿＿＿＿＿＿＿＿

＿＿＿＿＿＿＿＿＿＿＿＿

延伸阅读

1. 小品：《难道我比别人矮一截》

（学校第二堂课后）陈刚与另一名同学

陈刚：听说，我们班要组织篮球队了，我是一个篮球迷，我很想参加。

王刚：那我们去报名吧。

体育委员处：吴民，给我报个名，我也想参加篮球队！

吴民：你？你有何能耐？小弟弟，大哥哥劝你回家玩过家家去吧！

陈：为什么？

吴：你这矮个子能投几个球，跑得过几个人？……

陈：（脸刷地红了，低下了头）飞快地出了教室。

其他同学：笑话，这么矮还想参加篮球队？别把我们班的脸给丢尽了。唉！别人常说，人贵有自知之明，也不拿镜子照照，自己是几等残废？

（第三堂课）

师：……现在公布考试成绩。王刚，99分；陈艳，100分；洪涛，89分……陈刚，65分（此时，同学们都用异样的眼光看着陈刚）。

（下课后，同学们议论纷纷）

父亲：（家里）乖孩子，回来了！听说你们考试了，你得了多少分？100还是99分？

陈：6……6……6……65分。

父亲：什么，（给了两耳光）65分！我养的儿子就是这么没出息。那我养你有什么用？看我今天不打死你！（动手便打）

陈：（哭着）爸爸，我下次不敢了！

父亲：错了？下次不敢就行了吗？好好反省反省……

（回到寝室）

陈：同学们议论我，爸爸也打我，不就因为我这次考得不好吗？唉，就连我想参加篮球队也因为个子矮遭到同学们的讥笑，我该怎么办？我该怎么办哪？还真不如死了省心。

2. 诗歌《请相信》

不要 不要睡去

我的朋友 路还很长

不要失去 心中的希望

虽然 我们有过

破碎的梦 受伤的心

也曾为光阴的易逝 而痛惜

也许你已经意冷心灰

也许你已经怀疑一切

可是我还要这样对你说 请相信

不是一切呼唤都没有回响

不是一切损失都无法补偿

不是一切星星仅只是黑夜

而不报告曙光

不是所有的梦想都愿意折断翅膀

不是所有的种子都找不到土壤

不是所有的歌声都飘过耳边

而不记于心

尽管

现实不断摧毁了我们的梦想

的确有一些损失已来不及弥补

然而希望还要为它而斗争

请把这一切放在你的肩上

3. 案例

（1）母亲的苦恼：一位母亲为他 18 岁的孩子伤透了脑筋，她不得不去找心理专家。心理专家问，孩子第一次系鞋带的时候打了个死结，您就不再给他买系鞋带的鞋子吗？这位母亲点了点头。专家又问，孩子第一次洗碗的时候，弄湿了衣服，您是否不再让他接近洗碗池？母亲赞同地点了点头。

专家又说，孩子第一次收拾自己的床铺，足足用了一小时，你嫌他笨，对吗？这位母亲吃惊地看了他一眼。专家还说道，孩子大学毕业去找工作，您又动用了自己的关系和权力？这位母亲更惊讶了，从椅子上站起来，凑近专家说：您是怎么知道的？

专家说，从那根鞋带知道的。那位母亲又问，那我应该怎么做？专家说，以后当他生病的时候，你最好带他去医院；他要结婚的时候，你最好给他买好房子；他没有钱时，你最好给他送去。这是你今后唯一的选择，别的，我也无能为力。（据此改编成情景剧）

（2）学踢毽子：今天中午，我跟妈妈学踢毽子。妈妈踢毽子的花样可多了。可以倒着踢、跳着踢、左右踢等等。我很佩服她，可是我怎么踢也不会。就在我准备要放弃的时候，突然想起童第周的故事。童第周28岁的时候，得到朋友及亲戚的资助，到比利时去留学，跟一位教授学习，那位教授一直在做一项实验，需要把青蛙卵的外膜剥掉。外国同学谁都不敢尝试，只有童第周不怕失败，做了一次又一次，终于成功了，后来童第周成为了著名的生物学家。想到这儿，我又学着踢，终于能连着踢几下了。妈妈表扬了我。通过这件事，使我深深理解了一句话：失败是成功之母。做任何事都要有不怕失败的精神。

4. 面对挫折的名人事例

（1）爱迪生：1914年12月深夜，爱迪生的制造设备被大火烧毁，并损失100万美元及他的工作记录。但他并没有绝望，认为大火烧掉的是以前的错误，现在可以重新开始新的实验。

（2）海涅：海涅生前最后8年，手足瘫痪，视力微弱，躺在被褥的"坟墓"里，但生命之火不灭，吟出了大量誉满人间的优秀诗篇。

（3）马可·波罗：意大利旅行家马可·波罗曾含冤入狱，但他没有一蹶不振，他就是在热那亚的监狱里口述出那蜚声世界的《马可·

波罗游记》的。他们的勇气产生于斗争中，产生于同困难的顽强抗争中。

（4）刘邦：秦朝末年，楚汉之争，刘邦屡败屡战，百折不挠，终于在垓下一战，十面埋伏，将项羽打败。

（5）"乐圣"贝多芬：贝多芬从小到大，为了学习音乐，遇到过许多令人难以想象的挫折，但他没有退缩。贝多芬童年很坎坷，酗酒的父亲败光了家产，他企图把4岁的贝多芬变成赚钱的机器，因此他不只强迫孩子练琴，而且常常夜半三更回家后把孩子从熟睡中拖起来拉琴，贝多芬不满8岁就被强迫去表演、卖艺，这种严酷的童年生活，养成了他坚毅倔强的性格。32岁时贝多芬患了耳聋病，对一个音乐家说来，再没有比这一打击更沉重的了。病魔限制了作曲家同外界的交往，妨碍了他的钢琴演奏，他不得不放弃演出，而长期隐居在维也纳乡村。但他没有放弃音乐，继续刻苦作曲，终于成为伟大的古典作曲家，成为一名乐圣。

（6）开普勒：德国天文学家开普勒是早产儿，后来因病变成了麻子，又差点瞎了眼睛，但他刻苦读书，努力探究天文学。后来他经历了一连串不幸的打击，但他却从未放弃过天文学的研究，终于在59岁时发现了天体运行的三大定律，并成为"天空的立法者"。

（7）著名数学家陈景润，在文革时期被批斗，但他仍坚持对数学的研究，针对哥德巴赫猜想，最终提出了"陈氏定律"，成为了著名的数学家。

5. 有关挫折的佳句

（1）轻度的挫折就是"精神补品"。

（2）如果把生命比作一把披荆斩棘的"刀"，那么，挫折就是一块不可缺少的"顽石"。为了使青春的"刀"更锋利，让我们勇敢地面对挫折的考验吧！

（3）挫折是人生的催化剂，成长的"加速器"。

（4）千锤百炼出利剑。

（5）风雨之后的彩虹更美。

6. 名人名言

★觉得坦途在前，人又何必因为一点小障碍而不走路呢？

——鲁　迅

★卓越的人一大优点是：在不利与艰难的遭遇里百折不挠。

——贝多芬

★千磨万击还坚劲，任尔东西南北风。

——郑板桥

★逆境是到达真理的一条道路。

——拜　伦

★奇迹多是在厄运中出现的。

——培　根

★不幸是一种最美好的大学。

——别林斯基

★只有痛苦会留下教训。

——富兰克林

★艰难困苦是磨炼人格之最高学校。

——梁启超

★避免失败的最好方法，就是下决心获得成功。

——拿破仑

第十三章　主题设计与组织（七）
爱的奉献

主题设计

1. 关键词点击

(1) **主题词**：爱心　理解　宽容　同情　帮助

(2) **名言录**：

★先天下之忧而忧，后天下之乐而乐。

——范仲淹

★安得广厦千万间，大庇天下寒士俱欢颜。

——杜　甫

★穷年忧黎元，叹息肠内热。

——杜　甫

★海内存知己，天涯若比邻。

——王　勃

★我寄愁心与明月，随风直到夜郎西。

——李　白

★自敬，则人敬之；自慢，则人慢之。

——朱　熹

★要想得到别人的友谊，自己就得先向别人表示友好。

——爱默生

(3) **案例库**：亚历山大·弗莱明、丘吉尔的故事，张廷玉的故事等。

2．活动设计

（1）**活动准备**：A. 搜集《世界需要热心肠》《让世界充满爱》《歌声与微笑》等歌曲的 MTV 碟片或磁带。B. 搜集有关的格言、名句等，写在卡片上。

（2）**媒体撷英**：录音机、录像机、大屏幕、摄像投影仪等。

（3）**课堂类型**：表演与讨论、采访等。

（4）**活动构想**：通过本次活动，让我们的"小皇帝"、"小公主"们纠正"得理不饶人"、"小心眼"、"嫉妒心强"等不良心理，教育他们要以宽容之心待人，善于与他人和睦相处，善待他人，善待自然，善待生命。

组织与实施

1．目的认识

（1）**目的**：让学生们懂得帮助他人、关注他人是一种无私的美德。

（2）**认识**：激发学生的兴趣，注重学生的全面发展。

2．互动要点

方案一

（用录音机播放《歌声与微笑》这首歌，一段过后，音量逐渐变小）

甲：在集体中，大家都喜欢以自己的喜好来结交朋友，请几位同学把所喜欢的个性品质写到黑板上。

（黑板上写出：诚实、谦虚、待人友好、善良、认真学习、有上进心、关心别人、文明、礼貌、守纪律、尊重他人）

乙：大家都喜欢与这样的同学交往，那么我们自己具备这些优点吗？我们的所作所为受人欢迎吗？下面请看小品《同学之间》。

小品（1）：下课了，甲与乙在说笑，甲做了一个小纸团扔向乙，不料打在丙身上，丙不示弱，也做纸团扔向甲，甲与丙互扔纸团，甲急了，一拳打向丙，丙拿起书砸向甲，两人打了起来。

小品（2）：甲找乙借作业抄，乙不借，甲寻机报复，甲把乙戴着的眼镜摘下来，说："我看看你不戴眼镜是什么样子。哇，你还是不戴眼镜比较好看。"说着，把乙的眼镜扔了出去，乙拾起眼镜发现一只镜片摔碎了，顿时心中怒火燃烧，上前也去抢摔甲的眼镜，两人扭打了起来。

甲：小品看完了，我们从两个"小品"里看没看到自己的影子呢？大家都喜欢讲文明、懂礼貌、待人友好、尊重他人的人，那么我们做到这一点了吗？下面大家分组讨论一下，同学之间的矛盾应怎样解决？每组选一名代表发言。

一组代表：失控的人往往会做出不理智的事情，尤其是打架最伤人，遇事应该冷静，控制好自己的情绪。

二组代表：要发怒时，应给自己做些暗示，忍一时，退一步，慢慢地转移注意力，很快就会消气的。

三组代表：觉得对方不对时，首先从自身找原因，多反省，不要把自己的责任推得一干二净。

四组代表：人与人之间的相处是平等互敬的，不要因一点小事就非得争个高下，其他同学也不要看热闹。可联系老师帮忙处理一下，打架会让问题更严重。

乙：同学们说得非常好。这就是"凡过自身找，莫论他人非"的道理。

甲：现在的学生都追求自我个性，认为父母的管教不合逻辑，不合人权。下面我来采访几位同学：

同学甲：我爱听流行歌曲，可父母说，听歌有什么用，考试又不考这些，还浪费时间影响学习。

同学乙：妈妈总是唠唠叨叨，任何事情都要嘱咐好几遍，其实我已经长大了，很烦她这样对我。

同学丙：父母为帮助我学习，为我买了电脑，但我在用电脑的时候，他们轮流盯着我，生怕我玩游戏。

同学丁：我买的漫画书在家只能偷偷看，如果被发现了，肯定又挨一顿训斥。休息日父母也不让我出去玩，怕我养成贪玩的习惯或在外面学坏。

乙：几位同学都在倾诉与父母间的隔阂，我想大家都会有相似的经历，下面介绍一位同学的故事，请大家帮他出出主意。

（故事由屏幕显示）

故事情节如下：刘鹏的爱好很多，比如体育、电脑、漫画。但父母望子成龙心切，不断给他报他不愿学的辅导班，占用了他大部分的课余时间，刘鹏不听父母的话，但还假装去上课，实际上出去玩了。现在以小组为单元进行讨论，然后发言。

同学 A：两种方法都不好。强迫并不能提高成绩，会适得其反。

同学 B：他应该发奋学习证明自己。成绩好了，父母就不会逼他了。

同学 C：他应该尊重父母，理解父母对他的一片苦心，同时坦诚地找父母谈一谈，向父母说明自己的想法，并且可以与父母达成协议，在保证自己提高学习成绩的前提下，可以做一些符合自己兴趣的事情，如果影响了学习，其他的活动可暂时停止。

甲：通过以上对案例的分析，我们可以明白其实父母是很爱我们的，只是他们爱的方式似乎有些不妥。我们应该用我们的行动或者沟通，慢慢地和父母多交流、接触，互相理解、支持。

乙：当今社会，人与人之间需要的是相互无私的付出与帮助，而不是自私的保留。现在让我们一起去访问一位同学，他平时自私自利，虽然学习很不错，但一个朋友也没有，我们很替他难过，也很诚心地想帮助他。

（走向这位同学）这位同学你好，听说最近你很苦恼，能跟我们说说你的烦心事吗？

同学：刚上初中的时候，因为成绩好，被大家选为班干部，但不知为什么，他们似乎越来越疏远我了，开始我并不在意，直到有一天，我被改选下来时，才意识到他们讨厌我了。我学习成绩一直都在班内前三名，上课也不说话，体育达标，我还有什么地方不合格呢？我现在没有朋友了，太苦恼了。

甲：这位同学，你自己很难发现自己的缺点，所谓当局者迷，不过你不要着急，你还能重新拥有更多的朋友！

同学：真的吗？

甲：当然！现实生活中，人们常常会遇到许多意想不到的困难和问题。不同肤色、不同民族、不同国家和地区的人们需要互相帮助，互相支持。人们互相交流，不仅仅靠肢体、语言，还需要颗颗爱心。世界因为有了无数热心人，才变得像今天这样完美。让我们高呼一声："世界需要热心肠。"

乙：从古至今人们想要得到爱。因为有了这么多奉献爱心的人，有了这么多热心为他人服务的人，人们才渡过了重重难关，免除了众多疾苦。

甲：我们呼唤有爱心的人，呼唤热心肠的人，然而并不是所有的人都呼之即出。我就曾经遇到过这样的人，请看——

情景剧 1：路边，一位老人摔倒了。这时一位小姑娘看到了，不但不扶，反而绕着走开了。

情景剧 2：一个歹徒准备抢劫。一位小伙子看到了，不但不管还装作没看见。

乙：定格！这样的事情、这样的人我们在生活中时有发生。下面我们让剧中的角色调换位置，看看他们的态度如何。

情景剧 3：小姑娘摔倒了，（主持人问她：你在想什么？）（我想有人帮我。）老人看见了，并扶起她来。（主持人问她：你有什么感想？）

（我心里暖暖的。）

情景剧 4：小伙子正被劫钱，（主持人问他：你在想什么？）（有人来帮我多好啊！）学生带领巡警跑过去，把劫匪抓住了。（主持人问他：你又有什么感想？）（谢谢他，如果以后别人遇到困难，我一定帮他。）

甲：宋朝著名文学家范仲淹在《岳阳楼记》中提出："先天下之忧而忧，后天下之乐而乐。"这千古传诵的名句，反映了范仲淹和无数关心民众疾苦的热心肠人的心声。他们崇尚的是关心民众疾苦的热心肠人的品质。他们崇尚的是关爱别人、先人后己的高尚品德。下面请××同学给我们讲几个热心人的故事。（配乐）

乙：在生活中还有许多热心肠的人，他们在别人生活很好的时候，也热心帮助人。他们的热心，是为了让别人走出困境，我们称这样的人是为他人"雪中送炭"的人。如热心报站名的售票员、微笑服务的美容师，还有众多逢年过节积极工作在电台、报社的播音员、演员和编辑们。

这位同学：我有点事要先走，我得坐 52 路公共汽车去超市买水果，然后去医院看病人。

乙：你别着急，慢点走，班会还没完，我们等你。

［这位同学一路上遇到了售票员、超市服务人员和医院的护士，他们很不礼貌地对待这位同学，并不热心地帮助他，这使这位同学很生气。（学生表演，具体内容略）他回到了班会上。］

乙：他们这次会热心帮助你的，再去一次吧。

（这一次热心的售票员为他报站名，提醒他下车并送还他丢失的钱包，热心的超市服务人员给他指引水果的方向，并向他介绍各种水果的营养价值，热心的护士带他找到了想要见的病人。）

甲：同学们，你们有何想法呢？

（同学们谈感想）

甲：是啊，大家说得都很好，生活中的确有许多热心肠的人，把别人的事当自己的事，我们都应当做这样的热心人，我们的班级、学校、社会、世界才会更美好。

乙：喂，你看，×××来信了！

甲：真的？就是我们全班助养的那个贫困的小女孩？

乙：没错。

甲：信上说些什么？

乙：是这样的……（摘读）

甲：太好了，又有一位失学儿童重新回到了学校！同学们，正是由于我们的热心帮助，×××才能重新得到读书的机会，我们的热心为他人换来了幸福。我提议，让我们全班同学齐心合力，共同为希望工程捐款，为第二个×××能够上小学好吗？

大家合：好！

（放《让世界充满爱》，捐款）

甲：此刻，同学们会发现热心人无处不在。

乙：生活中有一些人，他们助人为乐，关心他人，困难的时候，帮助你为你雪中送炭，从不自私自利。我们在渴望得到帮助的时候，首先要从自己做起，多一些爱心少一份担心，愿世界美好。

这位同学：我一直不敢相信，原来我的不足是缺乏热心。

乙：没错，独生子女大多以自我为中心，个性有些自私、冷漠，总喜欢把"我的"放在嘴边上。但是，社会给我们创造了学习的机会，在这个社会中，我们能体会到光和热的力量，随时随地也能感受热心人的高尚，也就是这个大课堂教会我们懂得了无私，学会了奉献，你明白了吗？

这位同学：这个班会就像一面镜子，使我感到惭愧。今天我找到了自身的不足，这证明我还有机会改正对吗？

乙：很正确，这位同学，很高兴你认识到了自己的缺点，如果你交了很多朋友，千万不要忘记，也告诉他们世界需要热心肠啊！

（播放《世界需要热心肠》的 MTV，大家一起高声唱这首歌，班会在歌声中结束。）

方案二

（一）情景导入

让我们看一段中央电视台《爱心世界》——《蔡国庆和绝症患儿》的资料录像片。

（二）真情表白

看完这部短片，大家有什么想法？

（学生谈感想。）

（三）思想碰撞

不管是伟人还是普通人，做人最重要的品德是什么？

（四）情感升华

关爱他人、帮助弱者是人类所具备的崇高情感。爱心能创造奇迹。作为新时代的中学生我们该有怎样的行动呢？

（学生谈打算。）

3. 活动链接

（1）活动前链接：挖掘班级中善待他人、热心助人的典型事例。

（2）活动后链接：争做"爱心大使"，争创文明班级。

班会评估

1. 自我评估

A. 预期评估：＿＿＿＿＿＿＿＿＿＿

＿＿＿＿＿＿＿＿＿＿＿＿＿

B. 实录评估：＿＿＿＿＿＿＿＿＿＿

＿＿＿＿＿＿＿＿＿＿＿＿＿

2. 反馈矫正 ＿＿＿＿＿＿＿＿＿＿＿＿

＿＿＿＿＿＿＿＿＿＿＿＿＿

延伸阅读

1. 善待他人

他人是自己的影子，善待他人也是善待自己。

在苏格兰的一个小镇上，有一个叫弗莱明的农夫，他人很好，并乐于助人，他救了一个不慎掉进粪池里的男孩。

过了两天，男孩的父亲为答谢这位农夫，欲给他报酬，但农夫没有答应，他只有个请求，让绅士把自己的儿子带走接受教育，绅士同意了。这位长大的孩子就是英国赫赫有名的细菌学家亚历山大·弗莱明教授。

农夫的儿子后来成为著名细菌学家，发明了毒霉素。绅士的孩子就是英国首相丘吉尔。

丘吉尔救了英国，而弗莱明教授发明的青霉素，也不知救了多少人。如果农夫因冷漠不救人的话，就不会有丘吉尔，也不会有毒霉素。人与人之间就像一根筷子，筷子一根容易折断，而放在一起折就不易折断，众人的力量是无穷的。黎巴嫩作家哈依勒·努埃曼在《你是人》中说："如果没有你，便没有我之为我；如果没有我，便没有你之为你；如果没有我们，便没有他之为他；如果没有先于我们者，便没有我们；如果没有我们，便没有广阔世界的任意一个人。"世界便是你中有我，我中有你的整体。人与人间的关系是唇齿相依，远古时代的人就是用团结互助的精神闯过来的。

非洲有个叫"快乐墓地"的墓园，其中有一块墓碑写着："行善吧，真诚地去帮助别人。这样你就得到快乐和温暖。你会感到来自内心的一种亲切感，这样活着真好。这是一种美丽。你的人生一定会因此而变得美丽起来。"当爱的雨露洒向他人时，平凡的人生就会显得充实而有意义，我们的内心就会一片温馨。只要人人都能善待他人，那么，无论命运之舟将我们载向何方，一定会有好运的。

2. 宽恕他人善待自己

看过一个故事，说是在美国一个市场里，有个中国妇人的摊位生意特别好，引起其他摊贩的嫉妒，大家常有意无意地把垃圾扫到她的店门口。这个中国妇人只是宽厚地笑笑，不予计较，反而把垃圾都清扫到自己的角落。旁边卖菜的墨西哥妇人观察了她好几天，忍不住问道："大家都把垃圾扫到你这里来，你为什么不生气？"中国妇人笑着说："在中国，过年的时候，都会把垃圾往家里扫，垃圾越多就代表赚更多的钱。现在每天都有人送钱到我这里，高兴还来不及。你看我的生意不是越来越顺吗？"从此以后，没人无理取闹了。

这个中国妇人化诅咒为祝福的智慧确实令人惊叹。然而更令人敬佩的却是她那与人为善的宽容的美德。她用智慧宽容了别人，也为自己创造了一个融洽的人际环境。俗话说和气生财，自然她的生意越做越好。假如她不采用这种方式，而是针锋相对，又会有什么样的后果呢？答案可想而知。

或许有人不认为是这样：难道别人往你脸上吐痰，你还要笑脸相迎吗？难道别人拿大棒子捅你，你还要感谢他吗？

我这里所说的宽宏大量不是姑息迁就，也不是软弱的表现，而是一种修行修德的方法，是一种睿智的处世之道。对待别人就像对待自己一样宽容，就是告诉我们严于律己，宽厚待人。饶恕别人其实就是对自己好。俗话说：吃亏是福。老天是公平的，你虽然失去了一些东西，但你得到的是经验，是无形的财富。

清朝时期，宰相张廷玉和一位姓叶的侍郎都是安徽人。两家为了盖房子占地，发生了口角。张老夫人便写信到京城，希望张宰相参与此事。这位宰相到底见多识广，看罢来信，立即赋诗戏解老夫人：千里书信只为房子，再让三尺又有什么关系呢？万里长城今还在，秦始皇却不在了。张母见书明白其中道理，立即把房子主动退后三尺。叶家见这种情景，感到很愧疚，也马上把房子让后三尺。这样，张叶两家的院墙之间，就形成了六尺宽的巷道，成了有名的"六尺巷"。张宰相虽失去的是祖传的几分宅地，但换来的是邻里的和睦及万古流芳的美名。

韩国总统金大中正式上任后，公开在总统府招待了曾经伤害过他的四位前任韩国总统。他用具体行动化解了政治上的恩怨，展现了伟大的宽恕之道。在轰动一时的光州大审中，他曾经被政府判处死刑，当时他也曾立下遗嘱，要求他的家人和同志不要报仇，让政治迫害就止于此。他宽广的心胸、伟大的职业操守令无数世人敬佩。

问问自己的良心，我们和别人发生矛盾的时候能否像张丞相那样"让他三尺"？当别人中伤我们的时候我们又能否像金大中总统那样与仇敌握手言和，化干戈为玉帛？可以肯定地说我们很多人还没有做到，不但做不到而且通常还要在此来验证"我们中国人是有骨气的"这句话的正确性：以牙还牙，以血还血。

你可否听过看过，或自己有过这样或那样的感受：朋友之间因为一句闲话争得面红耳赤，竟行同路人；邻里之间因为孩子打架导致大人吵架，老死不相往来；夫妻之间因为家庭琐事同室操戈，劳燕分飞，如此等等，不一而足。其实很多时候都是我们自己在不知不觉地导演着这种悲剧：愤怒取代理智，针锋相对，以毒攻毒，冤冤相报，何时能了结，直到身心疲惫，两败俱伤。发一通脾气出口气很容易，但是代价实在不小。其后果就犹如为了赶走一只聒噪的乌鸦而砍掉枝繁叶茂的大树一样，得不偿失。

爱别人就是爱自己，宽容是一种品德。当然原谅伤害自己的人是很难做到的事情，要把怨气甚至是仇恨从心里驱赶出去，确实是需要很大的胆识和胸怀。书上说，我们的心就如同一个漏斗，当爱越来越多时，仇恨就会被挤出去，我们要有感恩的心，宽容和善待朋友，这样便少了仇恨。我们为何不抛弃恩怨，放下仇恨，来好好对待自己呢？

3. 心存善念

在两年前，我曾在街头一家家具店订了一套木制家具，我去取货那天，老板叫他的徒弟——一个只有十五六岁上下的男孩给我送货并负责安装。于是，小徒弟骑着三轮车和我一起上了路。那天天气不太好，一直阴着，偶尔还飘着些雨星。男孩的脸色也和天一样阴沉沉的，一副和他年龄极不相符的忧心忡忡的样子。我好奇一个十几岁的少年怎么会如此沉重，就故意找些话题来逗他说话。问他是哪里人，家里还有什么人等等，逐渐地，他的话多了起来，他告诉我他的家在浙江南部，家乡很美，但很穷。我于是又问他为什么不上学，这么小就出来打工，没想到他突然变得更伤感，他说自己非常想读书，只是家里非常穷，弟兄姐妹多，供不起他读书，只好跟叔叔出来打工，挣口饭吃，少年的话触动了我，让我回想起自己小时候家里的困境及读书的不易，看着他瘦弱的身子趴在车上脚吃力地用力踏，我仿佛看到了小时候的自己，顿时一阵酸楚从心底涌了上来。我把自己小时候的境遇告诉了他，并安慰他说，只要自己肯付出，一定会有机会读书的，只要自己刻苦，也一定能改变自己命运的。他帮我安装完家具，我多付给他50元钱，并对他说别告诉叔叔，你自己留着买些喜欢的东西。男孩很明显没有接触过人际关系之类的事情，突然变得不知所措了。在我的一再劝说下，他还是收下了。我明白，对于一个渴望走进校园读书的孩子来说，50元钱实在算不了什么，但我觉得至少我要让他知道自己曾经也是一个和他处境相同的乡村少年，或许这会让他多一些努力改变自身命运的信心和勇气。

前几天，在商场买了件电器。为我送货的是位来自盐城的中年男子，在一路的交谈中得知他只身一人在扬州闯荡，家里还有两个孩子都在上高中，开支很大，但他并不气馁，说要是两个孩子都能考上大学，自己就是拼死拼活也要供他们上完，他说："这是孩子一辈子的事。"中年男子的话让我想了自己的父母，当年也正是他们累死累活地赚钱供我上大学，我才有今天的成绩，可怜天下父母心哪！卸完货，我多给了他10元钱，并说："大热的天，拉这么远很不容易，多谢了。"说实话，此时，我只想表达对一个熟悉的父亲的尊敬，安慰一下我此刻诚挚的感情。

4. 帽子的故事

镇上有个小女孩叫安娜。她一年级的时候，医生确诊她身体里有个肿瘤，确定是癌。于是，手术、化疗、住院，小安娜为此受尽了折磨，待病情稳定下来，又去上学。小安娜很懂事，学习也很努力，她还不知道自己的病有多可怕，因此她依然很快乐，由于大剂量的化疗，她不得不失去秀发。小安娜为此很伤心，试想一个女孩光着头去上课多难看啊！所以她的妈妈给她买了顶帽子，天天戴着。然而天气不冷，同学们都不戴帽子，她一个人戴帽子，显得很抢眼。

安娜的班主任是个善良温和的中年女教师，她非常理解小安娜的痛苦，在安娜结束化疗返校前，她向全班同学郑重宣布："同学们，我们学校是个非常有特色的校园，我们的穿着应与这种特色相适应。所以下周开始，每个同学要戴一顶自己最喜欢的帽子来上学，越新越好。"

小安娜来上学了，她一进校园，摸了摸自己头上的帽子，就有泪水在眼眶里打转，但她很喜欢读书，不要妈妈陪伴，自己勇敢地走进校园，走进教室。

安娜进教室就惊奇地发现，班上每位同学都戴了帽子，各式各样，五颜六色的，在这些晃动的帽子中，安娜的帽子反而不起眼了。因此，大家都不在意她的帽子，反而觉得其他同学的帽子更好看，忍不住笑起来。

从那以后，小安娜没有了心理障碍，和同学们玩得很开心。日子一天天过去，有些同学忘记戴帽子，有些同学仍然戴着。大家也就不再注意安娜戴帽子是因为没有头发，连小安娜自己竟然也忘记了自己头上还戴着帽子……

　　善良的人总会有善行，这位极富爱心的女教师的小小举动，化解的是一个孩子的痛苦和尴尬，但意义之大已超过了伟人的功绩。

第十四章　主题设计与组织（八）拥有一颗爱国心

主题设计

1. 关键词点击

（1）**主题词**：爱国　道德　情操

（2）**名言录**：

★热爱自己的祖国是理所当然的事。

——海　涅

★锦城虽乐，不如回故乡；乐园虽好，非久留之地。归去来兮。

——华罗庚

★一般就在部分之中；谁不属于自己的祖国，那么他也就不属于人类。

——别林斯基

★爱国主义的力量多么伟大呀！在它面前，人的爱生之念，畏苦之情，算得上什么呢！在它面前，人本身又算得上什么呢！

——车尔尼雪夫斯基

★科学没有国界，科学家却有国籍。

——巴甫洛夫

★假如我是有一些能力的话，我就有义务把它献给祖国。

——林　耐

★夜视太白收光芒，报国欲死无战场！

——陆　游

★南北驱驰报主情，江花边草笑平生。一年三百六十日，都是横戈马上行。

——戚继光

★我有我的人格、良心，不是钱能买的。我的音乐，要献给祖国，献给劳动人民大众，为挽救民族危机服务。

——冼星海

★我死以后，把我的骨灰送回家乡……把它埋了，上头种一棵苹果树，让我最后报答家乡的土地，报答父老乡亲。

——彭德怀

★中国人搞出的理论，首先要为中国人服务。

——吴仲华

★我们为祖国服务，也不能都采用同一方式，每个人应该按照资禀，各尽所能。

——歌　德

★祖国，我永远忠于你，为你献身，用我的琴声永远为你歌唱和战斗。

——肖　邦

★为了国家的利益，使自己的一生变为有用的一生，纵然只能效绵薄之力，我也会热血沸腾。

——果戈理

(3) **案例库**：岳飞、文天祥、钱学森、徐悲鸿、李叔同等爱国事迹。

2. 活动设计

(1) **活动准备**：请同学们收集有关炎黄子孙的爱国事例、爱国诗文名句，安排专人表演。

(2) **媒体撷英**：录音机、磁带、投影。

(3) **课堂类型**：表演与讨论。

(4) **活动构想**：让学生了解爱国情操是道德情操的重要组成部分，

是高尚的道德情操引导学生确立祖国的利益高于一切的意识，自觉地把爱国之情化作报国之行、效国之举。

组织与实施

1. 目的认识

（1）**目的**：通过多种形式的活动，使学生认识到爱国情操是人强大的精神力量，具有爱国情操的人是一个具有较高道德风尚的人，是一个受欢迎的人，从而自觉培养爱国情操。

（2）**认识**：唤起学生对祖国的热爱，增强社会责任感，从而自觉地勤奋学习、报效祖国。

2. 互动要点

方案一

（一）情景导入

甲、乙：尊敬的各位领导、老师、同学们：大家好！

甲：天下兴亡，匹夫有责。

乙：男儿七尺躯，愿为祖国捐。

甲：一身报国有万死，双鬓白人无再青。

乙：祖国如果有难，你应该去打头阵。

甲：不论地位、身份卑微与否。

乙：爱国是一个永恒的话题，是华夏儿女的传统美德。

甲：爱国是一种最纯洁、最敏锐、最高尚、最强烈的情感。

乙：人民不仅有权爱国，而且爱国是一种义务，是一种光荣。

甲、乙：××班"爱国情操——高尚的道德情操"主题班会现在开始。

乙：首先请大家欣赏录像《伍修权大闹天宫》。

甲：从这段录像中同学们看到了一些什么？有何感想呢？

请大家畅所欲言。（同学发言）

乙：（总结）刚才同学们的发言都很有自己的见解，从这段录像中我们看到了潜藏在中国民众心中的无穷力量，这就是对祖国的无限热爱和忠诚，对侵略者的无比痛恨。这种高尚的爱国情操是中华民族的崇高情感和宝贵财富。

甲：爱国是一种高尚的道德情操，人们常以多种形式来表达自己对祖国的热爱之情。

乙：下面请欣赏爱国歌曲大联唱。

（学生演唱《歌唱祖国》《我的祖国》《大中国》《祖国颂》《走进新时代》等歌曲）

甲：谢谢几位同学的精彩表演。

（二）真情表白

1. 爱国名言诗句大比拼

乙：刚才几位同学的歌声婉转悠扬，情感真诚感人，下面我们来测试一下同学们爱国诗句的"内存"，请各小组推出一位同学，看谁在一分钟之内说出的爱国名言诗句最多。

（学生发言）

甲：几位选手都不负众望，说出了这么多的爱国名言诗句。我发现，这些名言诗句都蕴含着很多感人的爱国故事，下面就请同学们听几则名人爱国故事。

（同学讲述故事：如文天祥宁死不降、梅兰芳蓄须辍演、周恩来为中华之崛起而读书、爱国将领吉鸿昌誓死抗日等。）

乙：同学们讲了很多的名人故事，我们不难发现，这些名人都把国家放在了第一位，爱国情结决定着对自己行为的取舍，爱国情结使人们产生对祖国强烈的责任感，将个人理想融入了祖国的需要和发展中，在为祖国服务的过程中实现个人理想、体现个人的生存价值。

2. 和平年代话爱国

甲：我们现在生活在 21 世纪，生在新社会，长在红旗下，没有经历过炮火的洗礼和硝烟的战争，无须我们去舍身炸碉堡，以身堵枪眼，那么爱国是否就与我们无关呢？下面请大家谈谈自己的看法。

（同学围绕是否要有爱国情结和如何爱国发言。）

乙：（总结）作为新时代的中学生，爱国应从我做起，从小事做起，从爱家乡、爱学校做起，立志勤学，心系祖国，在学习中丰富爱国感情，在报国的实践中，增进爱国情感，热爱祖国大好河山，尊重国旗、国徽，对祖国的繁荣昌盛怀有坚定的信念，捍卫祖国的尊严，维护领土的完整和祖国的统一。

3. 港人爱国趣闻

甲：爱国不需要多少豪言，不一定有多少惊天动地的壮语，关键是要看心中是否时刻装着祖国。

故事：几年前的一天，一位香港人到泰山旅游。当她看到一枚硬币陷进了烤软的柏油路上时，就蹲在地上抠了起来，好一会儿才把那枚硬币抠出来，擦干净后放进了自己的钱包中。一位同路的小伙子大为不解，问道："您捡这么一个硬币有用吗?"她微笑着说："我没有别的意思，只是不愿意看到咱们的国徽在人们脚下被踩来踩去。"

乙：香港游人对祖国深切的热爱之情，使得她不假思索地做出了这种举动，可见她对祖国的一颗敬爱之心。

（三）思想碰撞

欣赏：《香港回归》《澳门回归》《申奥成功》《伦敦奥运——中国骄傲》等画面剪辑。

甲：港澳回归、申奥成功、奥运夺金，华夏儿女狂欢的热浪遍及神州大地，凡是有中国人的地方都成了欢乐的海洋。天南海北以不同形式的欢庆，表达的都是同一种感情：对伟大祖国的深沉的爱！这是一种伟大力量的凝聚，伟大情感的宣泄。

乙：那么我们怎样培养爱国情操呢？

（1）"中华之最"知识竞赛。（引导学生努力学习，了解中国悠久

历史和灿烂文化，陶冶爱国情操）

（2）电影欣赏《黄河绝恋》。（引导学生利用情境，陶冶爱国情操）

（3）讨论交流。

我们当地有没有中外交流的机会，如果有，你曾做过什么？假如没有，你会怎么做？（引导学生在报国的实际行动中，增进爱国情感）

（四）情感升华

甲：纵观人类的文明史，还没有哪个民族能像中华民族这样，五千年来经久不衰，生生不息，创造了绚烂多姿的华夏文明，并走出了上百年屈辱和苦难的低谷，迈向伟大的民族复兴。

乙：华夏民族自古以来就有一股打不垮，摧不毁，无比坚韧的爱国力量，有一股不甘屈辱、异常顽强而深厚的凝聚力。下面请大家集体朗诵：《我骄傲，我是中国人》。

甲：我为自己是中国人而感到自豪。

乙：我自豪，因为我们的祖国每天都在变。

甲：我相信，我们的祖国更加繁荣了。

乙：我发誓，为了祖国甘愿献出自己宝贵的青春和热血。

甲、乙：让我们唱出自己的心声：《爱我中华》！（同学全体起立，齐唱《爱我中华》）（班会结束）

方案二

（一）主题引入

用爱国名言导入班会的主题。

（二）真情表白

（1）爱国名言诗句大比拼。

（2）名人爱国故事欣赏。

（3）和平年代话爱国：围绕是否要有爱国情操和如何爱国展开讨论。

（4）港人爱国趣闻（主持人讲述）。

（三）思想碰撞

（1）欣赏《香港回归》《澳门回归》《申奥成功》等画面剪辑

看完画面引导学生畅所欲言，激发民族自豪感，增强民族定能屹立于世界民族之林的自信心。

（2）举行"中华之最"知识抢答赛，进一步了解中国的悠久历史和灿烂文化。

（3）观看电影《黄河绝恋》片段。

（四）情感升华

（1）集体朗诵：《我骄傲，我是中国人》。

（2）齐唱《爱我中华》。

（3）班主任寄语。

3. 活动链接

（1）**活动前链接**：A. 搜集爱国诗词名句；B. 搜索有关名人爱国的故事；C. 阅读《中华之最》读本；D. 练唱爱国歌曲。

（2）**活动后链接**：开展"为中华之崛起而读书"主题教育活动。

班会评估

1. 自我评估

A. 预期评估：_____

_____

B. 实录评估：_____

_____

2. 反馈矫正 _____

_____

延伸阅读

1. 爱国名句

★爱国心再和对敌人的仇恨用乘法乘起来——只有这样的爱国心才能导向胜利。

——奥斯特洛夫斯基

★我赞美目前的祖国，更要加倍地赞美它的将来。

——马雅可夫斯基

★锦绣河山收拾好，万民尽作主人翁。

——朱　德

★一个人对人民的服务不一定要站在大会上讲演或是做什么惊天动地的大事业，随时随地、点点滴滴地把自己知道的、想到的告诉大家，无形中就是替国家播种、垦殖。

——傅　雷

★中国人搞出的理论，首先要为中国人服务。

——吴仲华

★祖国，我永远忠于你，为你献身，用我的琴声永远为你歌唱和战斗。

——肖　邦

★我无论做什么，始终在想着，只要我的精力允许我的话，我就要首先为我的祖国服务。

——巴甫洛夫

★我们爱我们的民族，这是我们自信心的泉源。

——周恩来

★我是中国人民的儿子。我深情地爱着我的祖国和人民。

——邓小平

★热爱祖国，这是一种最纯洁、最敏锐、最高尚、最强烈、最温柔、最有情、最温存、最严酷的感情。一个真正热爱祖国的人，在各个方面都是一个真正的人。

——苏霍姆林斯基

★我是你的，我的祖国！都是你的，我的这心、这灵魂；假如我不爱你，我的祖国，我能爱哪一个人？

——裴多菲

★我们波兰人，当国家遭到奴役的时候，是无权离开自己祖国的。

——居里夫人

2. 名人爱国故事

1916年夏天，20岁的茅以升以5年学习成绩总分第一的好成绩，从唐山一所工科大学毕业了。为了祖国，他决心出国深造。同年9月，他来到美国东部纽约的康奈尔大学学习，1917年6月获得了博士学位。当时，他为了日后回国能脚踏实地地建造大桥，放弃了舒适的大学教师工作，进了匹兹堡一家有名的桥梁公司去实习。在极其紧张的状态下，茅以升攻读匹兹堡加里基理工大学土木工程系（夜校部）博士学位。人们向这位中国青年投来了尊敬、赞美的目光，一份份诱人的聘书向他飞来，荣誉、享受、金钱、地位……正向他招手。许多好心人劝他留在美国工作，可茅以升认为：我是中国人，我要为自己的国家做些贡献。1919年12月，茅以升只身一人离开了美国，回到了祖国的怀抱。

1934年夏天，茅以升克服各种困难策划了建造钱塘江大桥的计划书。在大桥正式实施的近千个日日夜夜里，茅以升遇到了千磨万难。当时国民党官僚机构的矛盾、扯皮；筹集经费的困难；迷信谣言的干扰；还有家里老父的病故、夫人的重病等，常使他焦头烂额、寝食不安。

大桥刚刚建成，但为阻断日军的进攻，又接到被迫炸桥的命令，茅以升不得不挥泪炸桥。

茅以升冒着生命危险保护大桥资料，而在杭州的物品都在战火中化为灰烬。这些资料不仅在抗战结束后，为修复钱塘江大桥提供了必要的依据，而且全国解放后，又在建造武汉长江大桥、南京长江大桥等重大桥梁工程中发挥了重大作用。16 年后钱塘江大桥彻底修复。茅以升在回顾这一段艰难历程时，不无感慨地说："像我造钱塘江桥这样艰辛曲折的经历，在今天的中国是不会再出现了。社会主义祖国需要科学，科学也需要社会主义啊！"

第十五章　主题设计与组织（九）
控制情绪

主题设计

1. 关键词点击

（1）**主题词**：情绪　调节　方法　主人

（2）**名言录**：

★心诚色温，气和委婉，必能动人。

——古　语

★不尊重别人感情的人，最终只能引起别人的讨厌与憎恨。

——戴尔·卡耐基

★行动是调节情绪的关键。

——森田正马

★得饶人处且饶人。

——《唾玉集》

控制情绪

★心啊，我的心，不要苦恼，你要忍受命运的打击。冬天夺走的东西，新春又会还给你。

——海　涅

（3）**案例库**：完璧归赵、塞翁失马、卧薪尝胆。

2. 活动设计

（1）**活动准备**：请同学们收集有关"情绪"方面的小故事及"情绪调节方法"等资料。

（2）**媒体撷英**：录音机、磁带、工具书、CAI。

（3）**课堂类型**：表演与讨论。

（4）**活动构想**：通过活动了解情绪，并学会调节情绪，发挥其积极促进作用，避免消极破坏作用，让情绪为我所用，从而提高学习与生活的效率。

组织与实施

1. 目的认识

（1）**目的**：通过典型事例及在日常生活中的言行表现，从思想上认识到情绪在我们生活中的重要作用，并学会控制情绪，做自己情绪的主人。

（2）**认识**：了解消极情绪所产生的不良后果，培养学生自省意识，从而改善自我心理，提高个人的全面素质。

2. 互动要点

方案一

（一）情景导入

甲：诸位领导、老师、同学们：大家下午好！

今天我们的班会主题是如何驾驭情绪。（投影或板书出现题目）首先请允许我向各位介绍情绪四兄弟。（表演略）

乙：刚才同学们欣赏的是小品《情绪四兄弟》。

甲：这样我们请同学们评评理，你们觉得他们四种情绪当中哪种最重要呢？

（同学积极讨论发言，列举四种情绪的优劣。）

乙：有人说，喜当然好，心情愉快，精神抖擞。但是我认为喜也有不足的地方，例如："喜不自胜"、"乐极生悲"。

甲：同样哀也有哀的好处，不是有个成语叫"哀兵必胜"吗？

乙：对！有时候发怒也未必就是坏事：景阳冈上武松一怒之下居

然把凶猛的老虎打死了，如果和颜悦色地和老虎谈条件，恐怕早就被老虎吃了。

甲：所以无论喜怒哀乐都没有严格的好坏之分，关键是在什么时候什么地点用，产生了积极作用还是消极作用。请看下面几则小故事。

（二）古为今用

欣赏：《完璧归赵》《塞翁失马》《卧薪尝胆》等历史故事。

（主持人朗读故事内容或者多媒体 Flash 展示）

甲：你认为蔺相如当时的情绪是积极的还是消极的？

乙：学生讨论的结果可能出现的回答有：（1）当时的情绪是怒，怒是一种消极情绪。（2）当时的情绪是怒，但应该是一种积极情绪，因为完璧归赵是一种积极的结果。（3）当时的情绪是怒，但应该是一种积极情绪，因为积极情绪和消极情绪可以相互转化，当时的怒已经转化成积极情绪了。

甲：蔺相如当时需要怒，只有怒才能震慑秦王，才能赢得完璧归赵的机会。所以，蔺相如当时"怒"的情绪是积极的，是合乎常情、合乎常理的，他善于调节自己的情绪，发挥了怒这种情绪的积极、促进作用。

乙：《塞翁失马》的故事告诉我们：改变对引起不良情绪的事物的看法，以及改变我们的不良情绪。不良情绪的产生，通常是由于我们只看到事物不好的一面。如果能换位思考，把注意力集中在事物好的一面，我们就会看到解决问题的希望，从而豁达起来。

甲：很多人在生活中总结的心理暗示法就是运用意志控制情绪的有效方法。遇到易冲动的事，想一想，看一看，用"忍"、"不怒"、"莫生气"等字眼或类似的名言警句以控制自己的冲动情绪；有人用拉一下套在手腕上的牛皮筋的方法，提醒自己不要鲁莽。林则徐就曾为控制自己易怒的脾气，在堂屋中悬挂写有"制怒"大匾。

（三）归纳小结

甲：同学们是否意识到刚才的历史故事中还隐含着三种将消极情绪转化为积极情绪的方法。（学生讨论，主持人乙小结）

乙：第一则《完璧归赵》中，蔺相如用的是"合理发泄法"，第二则《塞翁失马》用的是"认识改变法"，第三则《卧薪尝胆》则用了"意志控制法"。

甲：下面我再向大家介绍两种控制情绪的方法："注意转移法"和"情绪升华法"。（多媒体展示材料）

材料一：在一次小组讨论会上，同学们分别介绍了自己调节情绪的方法。小王说："每当我苦恼时，总努力让自己去想些曾使自己高兴的事情。"小李说："我受到委屈时经常找老师倾诉，控制不住时就会独自大哭一场。"

（让学生一一分析，然后主持人归纳得出或由学生说出：小王用的是"注意转移法"——把注意力从导致你情绪不佳的事情上移开，如转移话题、做感兴趣的事等。）

甲：俗话说："忍一时风平浪静，退一步海阔天空。"待到消极情绪稳定下来，再认真思考，平心静气地解决矛盾，往往会收到意想不到的效果。而小李用的是"合理发泄法"，就是找一个合适的场合，以合适的方式将消极情绪发泄出去。请看第二则材料。

材料二：（奔马图下字幕）徐悲鸿悲愤于日寇的入侵，以自己的画笔创作出名画《奔马图》，鼓舞中国军民的士气，彻底歼灭侵略者。

甲：请问徐悲鸿用的是什么方法？（情绪升华法）

乙：（小结）我们可以将一些苦闷、愤怒、忧愁等情绪与头脑中的闪光点、社会责任感联系起来，将其转化为积极而有益的行动，从而振作精神，激励我们奋发向前。

甲：（补充）诗人歌德为摆脱自己苦闷的情绪，写成名著《少年维特之烦恼》；冼星海在国难当头时，满腔激愤，写成了《黄河大合唱》，振奋起中国人民同仇敌忾的民族精神；曹植为表达自己的愤怒的情绪，吟出"煮豆燃豆萁，豆在釜中泣。本是同根生，相煎何太急"的七步诗。

乙：司马迁虽然受宫刑，但仍坚持写《史记》，屈原的《离骚》是在被流放的悲痛心情下完成的。

甲：谁能再举一些这方面的例子。

（学生举例）

（四）学以致用

甲：作为学生，我们也经常会碰到各种不顺心的事情，给我们带来负面影响。例如考试没考好我们该怎样面对？

下面请看小品《考试之后》。（小品略）

甲：感谢五位同学精彩的表演，我想请同学们来谈谈他们分别运用了什么方法来控制情绪？

（学生回答）

甲：（小结）第一个用了注意转移法；第二个用了情绪升华法；第三个用了合理发泄法；第四个用了认识改变法；第五个用了意志控制法。

（五）互相学习

甲：哪位同学还能谈谈你有什么方法来调节情绪？

（学生讨论）

1. 情绪低落时人容易懒惰。人越懒，心情越不好，形成恶性循环。这时做一些较剧烈的活动，如：跑步、做操、干活儿、高声歌唱、放声大叫等，可以把体内积聚的怨气、怒气等不愉快情绪宣泄出来，从而让苦闷的心情消失。

2. 有时在适当的场合哭一场，也是消除紧张、烦恼和痛苦情绪的有效方法。哭，可以让紧张和痛苦的情绪随着眼泪释放出来，对消极情绪起到缓解作用。

3. 有了不良情绪，还可以向朋友、老师倾诉，诉说委屈和痛苦，发发牢骚等。这样，不仅可以调节不良情绪，而且还可以得到他人的帮助。有时也可以在自己的日记本上释放自己的不良情绪。

（六）实际操练

甲：我也向大家推荐下面一个调节情绪的小运动，请和我一起做。

第一步：深呼吸，双目微闭，舌顶上腭；

第二步：将气吸入小腹；

第三步：不要胡思乱想，把意念集中在小腹上；

第四步：全身放松，开始想象：仰望蔚蓝的天空，空中飘浮着几朵白云，偶有排成"人"形的大雁飞过，秋风送爽。身处百花丛中，清香扑鼻，一片春意盎然……（保持三分钟）

（七）实例问答

乙：情绪的转移关键是要主动及时，不要让自己在消极情绪中沉溺太久，立刻行动起来，你会发现自己完全可以战胜情绪，也唯有你自己可以调节。

（结束语）

甲：太阳每天都是新的。

乙：每天都是崭新的一天。

甲：放下包袱，我们肯定会做得更好。

乙：请安下心来，我们能成为情绪的主人。

甲、乙：《做情绪的主人》主题班会到此结束，十分感谢大家。

方案二

（一）实例问答：《他该如何办》

（二）故事启迪：《完璧归赵》等历史典故

（三）小结方法：五种方法

（四）学以致用：小品《考试之后》

（五）操练实际：情绪调节的活动

3. 活动链接

（1）**活动前链接**：发现周围的情绪失调的例子，挖掘班级中擅长控制情绪者，找寻与情绪有关的故事、实例等。

（2）**活动后链接**：争做情绪主人，争做健康之星。

班会评估

1. 自我评估

A. 预期评估：_____

_____

B. 实录评估：_____

_____

2. 反馈矫正 _____

_____

延伸阅读

1. 情景短剧：《四兄弟》

甲：（背上写着"喜"）大家好！首先自我介绍一下，鄙人喜洋洋，因为风流倜傥，人称喜之郎。祝大家身体健康、学习进步。这是我的三位兄弟。

（乙、丙、丁上场，背上分别写着"怒"、"哀"、"惧"。）

甲：大哥我今天叫你们来开会，是看看最近你们几个的工作表现，谁对主人贡献最大。

乙：那还用说，当然是我了，要不是我睁着大眼睛，我们主人的威望能那么高吗？

丙：难道发怒，就有威信吗？要不是我常常在主人面前唉声叹气地诉苦，我们公司能有今天吗？

丁：对，没有我的细心谨慎，公司的业务能发展得这么好吗？

甲：我觉得你们都说得很对，但是像你们那样一会儿横眉冷对，一会儿愁容满面，一会儿叫苦连天，恐怕老板早就吃不消了，还是我较随和，"笑一笑，十年少"。所以还是我的贡献最大……

（乙、丙、丁纷纷反对，争论不休）

2. 成语小故事（见词典）

（1）《完璧归赵》

（2）《塞翁失马》

（3）《卧薪尝胆》

3. 情景短剧：《考试之后》

表演一

周：你这次考试成绩怎么样？我考得差死了，我害怕挨打。

陈：我的成绩也不好，但怕也不是解决问题的办法。别总想着成绩了，我们还是想想别的高兴的事吧。对了，你还记得上次我们一起到红梅公园划船吗？我们玩得多开心啊！

表演二

王：这次考试没考好，都是因为我的粗心大意造成的，我真恨我自己。

（说完，他拿起毛笔写了一幅"细心谨慎"的书法作品。）

表演三

妈妈：明明，你今天看起来不开心。

明明：妈妈，我今天考试没考好，我很难过。

妈妈：明明，不要难过，胜败乃兵家常事，分析一下失败的原因，从失败中吸取教训，争取下次考好就可以了。

明明：唉，我已经很努力了，但成绩还是不理想，我都有点儿灰心了。

妈妈：或许是因为你还没有掌握适当的学习方法，我来帮你把试卷分析一下。不管怎样，千万不能失去信心。爱迪生在实验中失败

25000次，但他发明蓄电池的信心没有改变，最终取得了成功。妈妈相信，只要你对自己有信心，能坚持下去，你一定会成功的。

明明：谢谢妈妈，我现在的心情好多了，我以后会继续努力。

表演四

张：沈，你这次考试也没有考好，你怎么没反应，看你一点儿也不难过。

沈：张，一次考试失败了，这未必不是件好事。从这次考试的失利中，我懂得了考前不认真复习不可能考出好成绩的道理。在以后的考试中，我一定会认真复习，相信我下次一定能考好的。

4. 情景短剧：《他该怎么办》

学生1上场。边走边大声嚷嚷着：王小明居然被同学们推选为班长？他也能做班长？我不服气！为啥我不能当？

甲：同学们说说这是什么心理？

学生：嫉妒！

乙：这种心理好不好呢？（不好！）那我们应换个什么样的想法？

学生：同学们不选我为班长，显然在我身上还存在某些不足，我要尽力改正，争取下次竞选成功。

学生2上场（自我介绍）：我来自农村，我的家庭条件不好，同学们都看不起我。他们都戴有色眼镜看我。

甲：我们很多同学都是从农村来的，我们的父母都是农民，这不丢人。我也相信，我们同学也决不会因为谁是从农村来的就瞧不起他，对吗？（对！）那么他应怎样改变自己的想法呢？

学生：我首先认为这位同学多虑了。因为是他自己感到有点儿自卑，觉得颜面尽失，因而行为上有点儿古怪，才惹得同学们这样看他。我觉得，要想让别人尊重自己，首先必须自己要看得起自己。

乙：考试是我们学生最关心的事了。有这样两位同学，他们在考试之后，有着完全不同的心理体验。……

学生3上场，边走边说：我这次又没考好，不敢回家了，父母对我这么好，我辜负了他们的期望，真害怕他们批评我。

甲：他这种想法好不好呢？

学生：不好，他这样做只能让父母更担心。

乙：他应该如何做呢？

学生：他应该勇于向父母承认自己的失误，并努力改正。

甲：说得好，"浪子回头金不换"。可下面一个同学在考试成绩公布后，自己觉得考得挺好，但仍受到爸爸批评，说没什么进步，被说了一顿，心里觉得很委屈，他该怎么办？我们可以分组讨论一下。

学生4上场，手拿卷子，唉声叹气。

学生分组讨论，七八个人一组热烈讨论起来，每个组都将讨论结果写在一张大白纸上，以便讨论后挂在黑板上，5分钟后，每组派代表到前面陈述本组的讨论结果。

第一组：爸爸的批评可算得上是外界影响产生的消极暗示，可把消极情绪化为积极暗示，转化为学习动力。

第二组：爸爸觉得成绩没什么进步，我们可以拿以前的成绩做比较，可以一起分析试卷找原因。

第三组：告诉爸爸自己努力了，已经有进步了，只是没有达到理想成绩，然后制定新的目标。

第四组：首先找出自己的不足之处，爸爸认为她没有考好是有原因的。

第五组：暗暗地下决心努力，下次考个好分数（上策）；列举出本班考得比自己好的学生，向他们请教学习经验；与父母怄气，下一次会考得更差。

第六组：正视自己的错误，并讲明下次会做好。

甲：我认为尤其第五组的同学考虑得很全面，我们把掌声送给他们。

乙：有这样一位同学，他也有牢骚要发，他来了。

学生 5 上场，边走边自言自语：我很不喜欢我的同桌，他总爱在课上讲话，影响我听课，他一点儿自知之明都没有，跟他坐在一起，真倒霉！

甲：同学们说说他该怎么办呢？

学生 1：向老师汇报。

学生 2：应该和他单独沟通一下。

学生 3：我觉得应该用多种方法来鼓励他，让他和我一起学习！（鼓掌）

乙：同学们的掌声，已经说明了第三位同学做得最好。下面我们来看看下面这两位同学的烦恼是什么？

学生 6、7 上场，前后坐下，学生 6 在后，学生 7 在前，考试时，学生 6 向学生 7 求援。学生 8 旁白：（说出学生 7 的心里话）考试时我到底要不要给好朋友发暗号？从我内心来讲，我不愿发暗号，这违反考场规则。可拒绝朋友的要求，又怕伤害友情。我该怎么办？

学生：你可以考完试以后向他解释，考试作弊是不对的。你还可以向他承诺，如果有疑问，你可以帮助他，因为你们是好朋友嘛！

5. 名人名言

★要有坚强的意志、卓越的能力以及坚持要达到目标的恒心。

——歌　德

★笑是感情的舒展，泪是感情的净化。

——柯　灵

★感情的长处在于会使我们迷失方向，而科学的长处就在于它是不动感情的。

——王尔德

★原有的感情在本性上都是好的，我们应当避免的只是对它们的误用或滥用。

——笛卡儿

★无言的淳朴所表示的情感，才是最丰富的。

——莎士比亚

★只有情感，而且只有大的情感，才能使灵魂达到伟大的成就。

——狄德罗

★人可以控制行为，却不能约束感情，因为感情是变化无常的。

——尼　采

★做自己感情的奴隶比做暴君的奴仆更为不幸。

——毕达哥拉斯

★人抛弃理智就要受感情的支配，脆弱的感情泛滥不可收拾，像一只船不小心地驶入深海，找不着停泊处。

——西塞罗

★我们周围的技术越先进，就越需要人的情感。

——奈斯比特

6. 推荐阅读：《情绪对人体健康的影响》

犹如光合作用对植物一样，情绪会对人体的健康产生无法估量的影响。

（1）抑郁的情绪情感会影响身心健康

现代医学证明，长时间只处于一种消极的情绪状态中，如抑郁、忧愁、紧张、焦虑、愤怒等，会导致各种身心疾病。在这些身心疾病中，症状虽然表现在身体上，但根本原因却在心理上，往往与情绪情感有关。很多日常生活中常见的疾病，如胃溃疡、偏头疼、高血压等，都与心情压抑有关。

在现代社会里，过度的焦虑、愤怒、忧郁甚至喜、怒、哀、惧可以使人体的生理功能减弱，免疫系统功能受损，容易出现"亚健康状态"，如力不从心、烦躁不安、疲惫不堪、学习和工作效率下降、日常生活低沉紊乱等。

一项国外的动物实验研究表明，将人生气时所呼出的气体用密封容器收集起来，让实验白鼠大量吸入，结果这些白鼠很快死亡，这说明生气时人体内会产生大量的有毒物质，会危害人体的健康。

俗话说："忧伤脾，思伤心，多虑伤肺，愁能断肠。"当人愁绪满腔时，往往脸色苍白、憔悴，其实，这是面部血管收缩造成的。同样，头部血管收缩，还会引起头痛。忧心忡忡时，容易导致失眠，人变得神思恍惚，头脑昏昏沉沉。愁绪不断还能使消化腺的功能下降，味觉减退，消化系统紊乱，会导致或加重各种肠胃疾病。人们往往有这样的体验：心情愉悦时，即使粗茶淡饭，食之也甘甜；心情低沉时，纵然是佳肴，食之也索然无味。久之，往往引起亚健康，甚至呼吸不畅。当一个成年人愁绪缠身时，呼吸的次数也可由每分钟 15 次降到 9 次左右。

当今是一个快节奏的时代，不可避免地会给人带来无形的紧张和强大的压力。从生理学的角度来看，人若长期地、反复地、持续地处于超生理强度的紧张状态中，就会危害健康，导致疾病。据报道，一位医生对 654 名门诊病人作了分析，结果竟有 42.9％属于"紧张状态病"，其中尤以高血压、冠心病为最多。

（2）积极的情绪情感有益于身心健康

俗话说得好："笑一笑，十年少。"作为一种积极的情绪情感，笑不仅是个人愉悦时的心情，还是心理健康的表现。

曾有人对笑的作用进行了试验，总结出笑有十大好处：其一，增加肺活量；其二，笑是呼吸道的清道夫；其三，抒发健康的情感；其四，让精神放松；其五，让肌肉放松；其六，使精力充沛；其七，驱散愁闷；其八，缓解各种精神压力；其九，有助于克服恐惧的感觉以及各种烦恼；其十，忘却旧日创伤，规划未来蓝图。这样看来，笑不仅是身心健康的表现，还是一种很重要的生理平衡器。

愉悦的心情可以使人体抗病，甚至可以帮助病人康复。国外曾报道过这样一个病例：一位癌症患者在患病期间，非但没有被癌症吓倒，反而树立了战胜癌症的必胜信心，并一直保持心情愉快。在治疗过程中，他坚信现代的技术有能力战胜癌症，坚信自己的免疫系统能克敌制胜。这样，经过一段时间，这位身患绝症的病人居然痊愈了。通过检验，医生们惊奇地发现，病人身上的癌细胞已荡然无存了。

人们常说："生命就是一棵常青树。"但它必须用积极热忱的情绪心境来浇灌。健康积极的情绪情感使人的整个身心都感到舒畅与明亮，身体内充满了无限的潜能，世间的一切都变得如此美好，一种轻松幸福的感觉如暖流涌遍全身，让人感到轻松快乐。

心理学上有这么一个实验：把松鼠放在滚笼里。人工转动滚笼，强行让松鼠跑动，结果跑了 2 千米后松鼠的血压就高了；倘若让松鼠自行跑动，即使每日跑上 8 千米，也不会变成高血压。人类亦如此，当心情舒畅时，"忙"也健康；反之，心情郁闷时，"闲"也会生病。

第十六章　主题设计与组织（十）
培养兴趣

主题设计

1. 关键词点击

（1）**主题词**：兴趣　老师　成功

（2）**名言录**：

★兴趣是最好的老师。

——爱因斯坦

★知之者不如好之者，好之者不如乐之者。

——孔　子

★兴趣出勤奋，勤奋出天才。

——郭沫若

（3）**案例库**：谢里曼的故事，"钢琴公主"琳达·珍蒂的故事。

2. 活动设计

（1）**活动准备**：请同学们收集关于"兴趣"方面的名言，由于兴趣引发成功的事例。邀请部分家长、老师及权威的专家到会发言，布置专人表演小品。

（2）**媒体撷英**：录音机、磁带、课件（专家访谈）。

（3）**课堂类型**：讨论、表演。

（4）**活动构想**：使学生、家长、老师均认识到培养兴趣方为激发学生学习热情的最佳方法，并要求学生对自己感兴趣之事持之以恒地努力奋斗，从而取得成功。

组织与实施

1. 目的认识

（1）**目的**：通过生活中部分失败或成功的事例，使学生家长、老师明白，兴趣是最好的老师，进而在学习生活中特别注意培养学生对所有事物的兴趣，以实现良好的学习效果。

（2）**认知**：调动起学生对周围之事物产生兴趣，并为之持之以恒地努力，为未来的成功打下良好的基础。

2. 互动要点

方案一

（一）切入主题背景

甲：诸位领导、老师、家长。

乙：诸位同学。

甲、乙：下午好！

甲：兴趣是人们探索事物和从事活动的一种认识倾向。

乙：兴趣是一个力求认识世界、渴望得到科学知识和坚持探求真理而具有情绪色彩的意向活动。

甲：兴趣，是点燃智慧之火花。

乙：兴趣，是探求知识之动力。

甲、乙：兴趣是最佳老师。初一某班《兴趣是最好的老师》主题班会现在正式开始。

（二）小品《我的星期天》

甲：请大家首先欣赏小品《我的星期天》。

（小品的表演）

乙：非常感谢这几位同学的精彩演出。红红的星期天确实够充实，各位同学希望有这样的星期天吗？请同学们互相进行讨论，说说你的看法。

（同学发言）

甲：红红的父母为红红选定的全是她没有兴趣的课程，因此，学习的效果当然不会让人满意了。但是父母为何要这么做，他们是如何考虑的呢？就此问题，我们对几位家长进行一下现场采访。

（三）进行现场采访

甲：请问这位家长，您也让您的孩子在周日或假期上一些补习班吗？

家长：是的，我让孩子在完成学校布置的作业之后，参加了器乐和绘画的补习班。

甲：那么，请问您这样做的目的是什么呢？

家长：我们认为让孩子拥有一技之长，在一些场合是有用的，不像我们现在这样只可以当观众。再说，多学一些技能，也能让他的假期过得十分有意义。

甲：可您是否清楚，您的孩子对器乐、绘画有兴趣吗？

家长：有兴趣。我们是在征求他自己的意见之后才为他报名的，所以至今，他所学的这两项都获得了不错的成绩。他所学的二胡和绘画在校、县、市举办的一些比赛中都获得了奖。

甲：那么，您是在对他的兴趣进行培养，而并非在培养他这方面的兴趣。因此，他把可以上这些补习班当成一次很好的学习机会，视作一种乐趣了。

家长：的确如此。我认为小品中的红红家长的目的是不错的，但正由于忽视了小孩本身的兴趣，才会让她感到很疲乏。

甲：谢谢您！由此看出，只有对自身感兴趣的事，人们才会全身心地投入其中。刚刚这位同学智慧的火花已被兴趣这一引线给点燃了。

乙：是啊！古今中外有许许多多这样的事例，因为兴趣引发事业的成功。

甲：那么下面，就请听听同学们搜集到的故事。

（四）学生说一说

（故事略）

乙：兴趣确实成就了许多伟人；兴趣能促进人们为自己热爱的事业而奋斗一生。

甲：不过，有些兴趣会让人碌碌无为地排遣一生，尤其是玩电子游戏上瘾、嗜赌如命等等兴趣，更是害人不浅。

乙：因此说，进行正确引导，形成自己的学习兴趣，培养良好的兴趣倾向尤其重要。

甲：接下来，就对学习兴趣产生影响的主要因素的问题，我们一起来听一下专家的意见。

乙：现在，对他刚谈到的几种因素，我们应实行怎样的相应措施呢？请第二位专家谈一下看法。

（五）专家说法

（专家由学生扮演，事先备好相关稿子）

（六）师生互相交流

乙：学生的学习过程主要是在学校完成的，而学习的主要阵营就是课堂，同学们喜欢哪一类的老师，喜欢什么样的课堂呢？请同学们讨论后，谈谈自己的看法。

（同学发言略）

甲：听到各位同学的发言，我们再听一下在座几位老师的观点。

（老师代表发言）

乙：通过师生间彼此的交流，我们清楚了，我们是为了未来的成功而讨论兴趣这一话题。我们的老师们乐教，我们的同学们乐学。让我们的老师和同学共同来品尝成功的喜悦吧。

（七）展示活动成果

甲：我们学校为充分发挥各位同学的个性特长，开展了多种多样的第二课堂活动，来培养我们的兴趣。接下来，请我班同学为大家展示一下，他们在兴趣小组活动中取得的成绩。

（小合唱、书法、绘画、二胡、琵琶等）

（八）班主任进行总结发言

甲：兴趣是良好的开始。

乙：兴趣是学习的动力。

甲：让我们付之以坚持不懈的劲头，把兴趣保持和发扬下去。

乙：让我们铭记"兴趣就是最好的老师"。

甲、乙：初××班主题班会到此圆满结束。

方案二

（一）切入主题背景

由"兴趣小组成果展"将主题导入。

（二）访问家长

（三）小品《我的星期天》

（四）专家说法

（五）学生说一说

（六）师生相互交流

（七）班主任总结

3. 活动链接

（1）活动前链接：收集周围及历史上兴趣促进成功的故事、实例。

（2）活动后链接：明白自己的兴趣并为之而不懈地努力。

班会评估

1. 班会评估

A. 教师评估：＿＿＿＿＿＿＿＿＿＿＿

＿＿＿＿＿＿＿＿＿＿＿

B. 同学评估：＿＿＿＿＿＿＿＿＿＿＿

＿＿＿＿＿＿＿＿＿＿＿

2. 信息反馈 _____

_____

延伸阅读

1. 小品：《我的星期天》

星期天上午 7：30，早饭桌前。

红红妈：红红，抓紧点，8 点钟到少年宫学毛笔字。千万别迟到了。

红红：（厌烦地）啰嗦，知道了。

红红妈：9 点钟去王老师家学二胡，你自己一个人去，我要去买菜，不能送你了，啊！

红红：又让我自己去？（饭差点被噎着，睁大了眼睛瞧着妈妈）

红红妈：（站起来添饭）下午，去李老师家，我送你去，顺便买些颜料回来，上次你学国画的颜料还有吗？

红红：妈，我下午不打算去李老师家了。（把手中的筷子放下，用哀求的眼神看看妈妈）

红红妈：你胡说什么？（不高兴）我这不都是为你好吗？现在多学一些，以后用得着。

红红：但是我不喜欢学画画，下午我准备和几个同学去学校跳健美操。几天后，我们学校艺术节要表演。

红红妈：跳什么呀！多学些有用的东西才是真的。我已和张老师讲好了，下周日学完绘画后，再去学 1 小时的奥数，据说，奥数得奖升学有加分的。

红红：妈！（无奈的、痛苦的表情）

2. 故事

（1）德国考古学家、现代考古学鼻祖谢里曼的故事。

"兴趣是最好的老师。"对感兴趣的事物，人们常常是愉快地去研究，使工作和研究过程变得不再是一种负担，而是一种身心上的愉悦享受。

德国考古学家、现代考古学鼻祖谢里曼小时候读过一本名叫《古希腊神话》的书，书中"特洛伊战争"的描写，引发了他浓厚的兴趣，并且他相信这是一个真实的故事。

谢里曼

1841年，谢里曼打算要实现童年的梦想，去探索"特洛伊"遗址，搞清这个故事的本来面目。为了实现它，他花费了大量的时间去准备。

第一步，谢里曼要学习拉丁文。但是他学起来非常吃力，因为他已经错过了学习语言的最佳年龄，学不会拉丁文将无法正确无误地分析资料是他所担心的，于是他眼、口、手并用，无论何时何地都在看、读、写，终于他用了一年时间完全掌握了拉丁文。第二步，他用了同一种方法去学习古希腊文，并以用希腊文背诵《荷马史诗》为自己的最大乐趣，日复一日，毫不懈怠，终于有一天他能将这史诗倒背出来。第三步，他便开始研究《荷马史诗》中提供的信息，关于"特洛伊战争"时期的描述更是一条也不愿放过。

当他来到希腊和小亚细亚寻找书中所描写的地方，并证实自己的判断时，《荷马史诗》他已经不带在身边了，因为整个古希腊历史已经深深地印在他的心中。他能确定的是"特洛伊"就发生在希萨立克村，它位于小亚细亚西北海岸地区。在谢里曼的带领下，考古人员经过7次大规模开掘，开出一条40米宽，17米深的鸿沟，并发现了被焚烧过的建筑遗迹。谢里曼梦想中的战场终于被他找到了。

他在此处发现了大量的文物，经考证，此处并非是书中描写的普利亚摩斯王的宝藏，其实是青铜时代前的一位统治者的城堡，早于《荷马史诗》中描写的战争一千多年。

兴趣让谢里曼产生了强大的动力，并让他取得了渊博的知识，实现了自己童年的梦想。

（2）"钢琴公主"江城谈学琴

荆楚在线消息《楚天金报》记者王虹、通讯员梅鹏程报道：素有"钢琴公主"美誉的美国钢琴家琳达·珍蒂在湖北剧院上演了一场绝伦精彩的钢琴演奏会。演奏会后，慕名而来的家长陆续借机向她请教学琴经验。

琳达面对热情的家长，操着一口流利的普通话，她笑答："兴趣是最好的老师！"琳达回忆说，最初她在父母的要求下学习小提琴。因无兴趣，学得非常苦闷，且琴技没有提高。在8岁那年，琳达欣赏了一场钢琴演奏会，钢琴的美妙让她入迷。从此以后，琳达转学钢琴。在兴趣这股隐形的动力的促进下，她逐渐走向了通往钢琴演奏的最高殿堂。

对于眼下中国孩子普遍处于"被迫"练琴的现状，琳达现身说法："我由于有兴趣才能学好钢琴，我学语言也是目标。"据了解，琳达能熟练地掌握汉语、德语、英语等9种语言，"在演奏时，我期盼着语言的交流，这可以拉近人与人之间的距离"。恰恰是这股迫切的期盼，使琳达对学语言也形成了浓厚的兴趣。

"要记住，兴趣是最好的老师！"最后，琳达以此话很好地诠释了自己的成功，同时把它送给了江城众多盼子成才的家长们。

3. 专家说法

（1）影响学习兴趣的因素

家庭的因素

家长是自己孩子的启蒙教师，家长的一言一行都在潜移默化地影响着自己的孩子，可是家长们并未觉得自己的家庭教育是孩子的启蒙教育，家长对自己子女的学习逐渐形成两种现象，一是从来不过问；二是要求非常严厉。如此一来，学生的压力也在无形中走向两种极端，太过放松与异常紧张。部分来自单亲家庭的学生群体也反映了一些问题，如：家长在背负沉重的生活负担和压力的同时忽视了对孩子学习的重视，这不仅会影响孩子的学习兴趣和积极性，甚至不能正确引导孩子道德品质的形成，使孩子误入歧途，还有家长会按照自己的想法让孩子学习各种技能，剥夺孩子的兴趣爱好，更有甚者，孩子的学习成绩一下降就只知道打骂孩子，家长并不知道这样会让孩子觉得学习只是个负担。

学生自身素质的因素

从小学延续而来的坏习惯可直接影响部分学生的自身素质。一方面，在小学时并没能够形成端正的学习态度和良好的学习习惯，到了初中就更无从下手了。同时，他们对老师的上课内容往往不能完全掌握，对他们来说云里雾里的知识更是将自己的学习激情打到了谷底。小学时有些学生并不重视学习音标，导致现阶段自己不能单独认读，学单词非常困难，渐渐地和同学之间的差距变大，最后难以追上。另一方面，评分标准也是初中学科与小学的差异所在，成绩落差有个过程需要过渡。这个时候若不能及时调整心态，而只是一味怀疑自己的能力，自卑心理和失败定论一旦形成，结果就是失去学习兴趣，从而一蹶不振。

教师的因素

初一学生的年龄还小，他们的学习劲头在相当大程度上取决于对教师的喜好。一些学科老师的教法如果不能与学生年龄特性相符合，而仍采取旧式教法，又与学生缺少交流，上课形式很难让学生理解并接受，比如声音小，发音不清楚，讲课条理性差，课堂气氛不活跃，那么学生必然会对该学科形成厌恶之感。

（2）兴趣是最好的老师

有些家长在孩子入小学前会先教孩子识字、做算术，认为给孩子灌输的知识越多越好。这是因为他们担心孩子入学后跟不上教学进度，其出发点是好的。但是在不顾孩子感兴趣与否，或者孩子能否接受的情况下，收益自然是达不到预期所想，甚至会有反效果，最后结果是孩子完全丧失对学习的兴趣，在小学学习中宣告失败。

其实在入学前，孩子认字多少并不是最重要的。重要的是要适当地引发孩子的学习兴趣和对文字的好奇心，使其产生想认、想写和想读的强烈愿望。很多小学教师都深刻体会到，那些对学习没有兴趣、不愿动脑筋和没有解题愿望的学生才是最让他们头疼和束手无策的，而并不是那些入学前缺少知识和技能的学生。

兴趣是人们探索世界、认识世界的一个切入点，只有当人们对某件事产生兴趣时，他才会有观察、研究的意识倾向。成功人士都是因为执著于他们的兴趣才会取得成功的。日本教育家木村久一曾说过："假如孩子的兴趣和热情从一开始就得到良好发展的话，大部分孩子将会成为英才或天才。"激发他的求知欲，调动孩子的学习兴趣，并非表示孩子想做什么就让他做什么，就协助他做什么，而是要将孩子的兴趣正确引导到学习中来。当孩子在生活中遇到问题并提出问题时，就表示他对它感到好奇，你应该认真对待他的问题，尊重孩子的问题，解答的同时还要循循善诱，培养孩子去独立思考与探索问题的兴趣，有了求知欲就能培养良好的学习习惯。相反，如果你说的问题幼稚且孩子不愿理会的话，那他的求知欲也会随着时间消失殆尽。

要想孩子一直保持积极向上的学习态度，就一定要不断地加以鼓励，让他学会从小事做起，只要能成功就好，还要他理解"不积跬步，无以至千里"的道理。对孩子的教育不能用拳头和责骂，这样在伤了孩子自尊心的同时也会让孩子变得厌恶学习。

4. 老师发言

"亲其师信其道"的意思，很简单，教师有技巧地维持与学生间的良好关系可以保持住学生的学习积极性。一般学生的情绪波动都比较大，教师生动形象的课堂能够引起学生的学习兴趣；相反，一个不受学生欢迎的墨守成规的教师，他的授课效率一定非常低。

有人为师生关系作了一个十分形象的比喻：即电路适配器。一样的教育条件、教育对象，经过一定的师生关系互相配置，也许能爆发出剧烈的教育能量，形成积极的教育效益；或完全反之发生短路，使学生产生厌学情绪。

在电和此电路适配器的关系中，老师处于更主动的位置上，建立何种师生关系，主动权握在老师手中。在过去的师生关系中，教师是说教者，学生面前，他们代表着知识的权威。可是今天，学生大大拓宽了接受知识和信息的途径，学生增强了独立性和扩展了信息来源，使他们才思敏捷、充满活力，某些教师在操作电脑、阅读畅销书等方面常落在一些学生的后面。老师要勤于向学生学习，应该把"做学生的良师益友"当作自己的座右铭，有时师生之间是以"能"会友的关系。如今的学生涉猎广泛，学习速度大大超过了教师，那么老师就应虚心地向学生请教。这没什么难为情的。反之，假如教师放不下架子，不自觉地与学生进行交流、交心，甚至还将体罚、侮辱学生人格的做法，看成是最为有效的教育手段，那就会受到学生的厌恶，彻底破坏了师生关系。

被学生喜欢的教师都有同样的优点，这可以充分说明，任何年龄层的学生都渴望自己被尊重和理解。

要做学生喜欢的教师的话，首先教师应该把自己的身份放低，以一个好朋友的姿态来传道授业，这样较易让学生在心理上接受；而不要把自己看得比学生更高一筹。

学生之所以是学生，因为他有不足之处需要学习，教师一定要以博大的胸怀接纳学生的缺点。苏霍姆林斯基说过："有时宽容引起的道德震动，比惩罚更强烈。"每当想起叶圣陶先生的话："你这糊涂的先生，在你的教鞭下有瓦特；在你的冷眼中有牛顿；在你的讥笑中有爱迪生。"作为教师，就更加应该感受到自己职责的神圣和举止行为的重要性。

这个社会里每个人都有自己的人生价值，教师的价值就在于桃李满天下的同时还一直被他的学生爱戴着，那他的授业过程也一定非常美好。

孔子曰：有教无类。各位老师如果都能做到有教无类，因材施教，你们一定会成为学生心目中永远敬爱的老师。

5. 名人名句

★好动与不满足是进步的第一必需品。

——爱迪生

★好奇心造就科学家和诗人。

——法朗士

★对一切来说，只有热爱才是最好的老师，它远远胜过责任。

——爱因斯坦

★成功的科学家往往是兴趣广泛的人。他们的独创精神可能来自他们的博学。多样化会使人观点新鲜，而过于长时间钻研一个狭窄的领域，则易使人愚蠢。

——贝费里奇

★儿童学习任何事物的最合适的时机是当他兴致高、心里想做的时候。所有智力方面的工作都要依赖于兴趣。

——洛 克

6. 怎样提高兴趣

当学生处于需要学习与被培养阶段时，就像盛开的花儿渴望阳光和雨露一样，学生也希望得到老师的尊重和关爱，希望自己的小进步被老师称赞。如果教师能善用自己的些微动作，哪怕是一个动作、一个眼神都会让学生兴奋不已，从而提高他们的学习兴趣。在学生喜欢你之后，他们会"爱屋及乌"地喜欢你所教的一切科学知识，仅仅是简单的动作就可以增进师生感情，还可以提高他的学习兴趣。何乐而不为？

心理学家对我们说：兴趣是带有情感色彩的主观意识，只有当学生的主观意识中对某种事物感兴趣了，这兴趣才会激发学生的求知欲，催促他在学习中探索并渴望成功。

在培养"四有"新人时，不能盲目地追求结果而抛弃教育的过程。古人说："教人未见其趣，必不乐学。"由此可以看出，古人在教学时已经推崇先培养兴趣再学习。兴趣就是学习的动力，没有人愿意去学了无生趣的东西，寓教于乐是提高学生思想教育和教学质量的重要手段。

平等对待所有学生的同时更注重帮助差生，从心理上安抚他们。把学生平时表现的兴趣作为切入点，要善于发现他们的闪光点，并以兹鼓励，帮助他找回自己的信心。

孔子言："知之者不如好之者，好之者不如乐之者。"爱因斯坦的名言是"热爱是最好的老师"。在学习过程中，首当其冲最重要的非"兴趣"莫属。《教育心理学原理》表明"兴趣"对人的实践活动起着积极作用，特别是对学生的学习起着推动作用。对学生来说，感兴趣的东西学起来毫不费力还津津有味，不感兴趣的则最好敬而远之。

成功的人在于他们非常执着，而他们执着的动力则是兴趣。没有人会为不感兴趣的工作而投入毕生的经历。可以说兴趣是智力开发的"触发器"，人类智慧的无限潜能都是被兴趣激发的。

兴趣目标是工作上最好的老师。

每个人在选择工作前应先了解自己的兴趣，不然就会碌碌无为过一生了。正所谓，世上没有完全相同的两片叶子，所以不同的人兴趣自然不同。人类的智慧无穷无尽，工、商、医、农、艺、科技的进步也推动各行各业的发展，正好应了各人爱好的不同，三百六十行恐怕说的还是少了。不同的职业正好需要不同的兴趣特点。一个热爱技能操作者，凭借他灵巧的双手，在技能操作方面发挥得如鱼得水，假如硬要他把兴趣转到书本的理论知识上来，便会感到英雄无用武之地。恰恰兴趣上的差异组成了人们选择职业的重要依据。所以，不管你将要从事什么工作，都应该先看看自己是否感兴趣。

"兴趣是学习之先导"、"兴趣是学习之母"。它有种神奇力量，能赋予人们巨大的热情。所以说，要想在教学中收到事半功倍的效果就一定要善于发挥知识的趣味，使学生对其感兴趣。

"兴趣出勤奋，勤奋出天才。"这是伟大的文学家、思想家郭沫若先生对兴趣做出的科学论断。所谓成功没有捷径，但它的必经之路却是

"兴趣"。

兴趣是人类选择人生观、价值观和世界观时能影响其判断的有情绪的主观意向。实践表明，学习兴趣是学习动机中最现实、最活跃的部分。它让人对某些事物给予特别注意，并带给人一种积极的情绪色彩。浓厚的兴趣、强烈的求知欲望，是学生取得学习成功的一个关键因素。

要使中学生的德智体美劳得到全面的开发与发展，就必须提高对学生的兴趣的重视。因为兴趣可以直接影响学生对这门课的喜爱程度和他的学习效率。

兴趣是点燃智慧的火花，是探索知识的源泉。教育改革家魏书生说："兴趣像柴，既可点燃，也可灭。"教师想要提高教学效果，就一定要从引起学生兴趣入手，结合自己的教学方法，才能达到目的，如果引起不了学生的兴趣的话，教学效果当然也就提高不了。